Consι

Alisa Burpee

Consumo de álcool e drogas em risco

Processos de reforço, motivacionais e cognitivos

ScienciaScripts

This book is a translation from the original published under ISBN 978-3-659-85033-2.

Publisher:
Sciencia Scripts
is a trademark of
Dodo Books Indian Ocean Ltd. and OmniScriptum S.R.L publishing group

120 High Road, East Finchley, London, N2 9ED, United Kingdom
Str. Armeneasca 28/1, office 1, Chisinau MD-2012, Republic of Moldova, Europe

ISBN: 978-620-8-32169-7

Índice

CAPÍTULO I: Introdução e revisão da literatura

Objetivo

O objetivo da presente investigação é revelar se a inibição comportamental é um fator de risco significativo para problemas relacionados com o álcool ou outras drogas (AOD) e desvendar potenciais efeitos indirectos condicionais desta relação. Especificamente, o meu estudo pretende investigar se as diferenças individuais na inibição comportamental contribuem para os problemas relacionados com os AOD através do mecanismo de utilização dos AOD para lidar com afectos negativos, especialmente em indivíduos que demonstram níveis mais elevados de perseveração da resposta.

O consumo abusivo de álcool e outras drogas é um comportamento prevalente que coloca os indivíduos em risco de consequências negativas em múltiplos domínios da vida, como problemas interpessoais, profissionais e de saúde, incluindo a dependência (Barlow, 2008; Rehm, 2011). Os indivíduos consomem abusivamente álcool e outras drogas por uma variedade de motivos, como o prazer e a recreação, bem como a modulação dos estados mentais, como na redução da tensão (Volkow & Li, 2004). Estes motivos constituem vias de reforço positivo e negativo re levantadas para os processos de consumo e dependência de AOD (Cooper, Frone, Russel, & Mudar, 1995). Pensa-se que as diferenças individuais na resposta à recompensa e à punição, que conduzem a comportamentos de aproximação e de evitamento, desempenham um papel importante no reforço de comportamentos como o consumo de substâncias psicoactivas (Corr, 2008; Fowles, 1987; O'Connor, Stewart, & Watt, 2009).

A pesquisa demonstrou uma associação entre traços, como a inibição comportamental, e o uso de AOD (por exemplo, Anderson, Smith, & Fischer, 2002; Cooper et al., 1995; Goldstein & Flett, 2009). Os investigadores postulam que o sistema de inibição comportamental (BIS), que reflecte a sensibilidade à punição, levando a comportamentos de evitamento e abstinência, dá origem à ansiedade e pode representar uma via de reforço negativo para o consumo de álcool (Corr, 2002). No entanto, a literatura empírica existente sobre esta relação reflecte resultados contraditórios que sugerem que os mecanismos responsáveis por estes processos e as condições em que estes processos ocorrem ainda não foram totalmente elucidados (Colder, 2001; Gray, 1987; Gray, 1991; Vervoort et al., 2010; Wardell, O'Connor, Read, & Colder, 2012).

Existe algum apoio para a integração de diferenças individuais nos sistemas de inibição comportamental/ativação comportamental e motivos para beber para explicar os resultados do uso de AOD. Os modelos motivacionais do consumo de substâncias sustentam que determinados traços podem estar ligados a motivos distintos para o consumo de álcool e à ocorrência de consequências negativas (Cooper, 1994; Goldstein; Kuntsche, Knibbe, Gmel, & Engels, 2005; O'Connor e Colder,

2

2005). A reatividade emocional negativa e os níveis elevados de angústia emocional têm sido associados à utilização de produtos alimentares alternativos para gerir as emoções ou por razões de coping (Bonn-Miller, Vujanovic, & Zvolensky, 2008; Colder, 2001; Cooper et al., 1995). Dado que a inibição comportamental dá origem à ansiedade, é provável que a alta sensibilidade do BIS torne os aspectos de reforço negativo do uso de AOD particularmente salientes. Como resultado, os indivíduos com um elevado nível de inibição comportamental podem correr um risco acrescido de consumir uma substância para reduzir os afectos negativos (Corr, 2002). Beber álcool para lidar com emoções negativas tem sido associado a taxas de consumo mais pesadas, padrões de consumo considerados arriscados e maiores conseqüências negativas, em contraste com outros motivos para beber que não conseguiram prever tais resultados (Baer, 2002; Cooper, 1994; Cooper et al., 1995; Goldstein & Flett, 2009; Hasking & Oei, 2004).

Para além da hipótese de que o uso de substâncias psicoactivas para lidar com o afeto negativo pode funcionar como um mecanismo da relação entre níveis elevados de inibição comportamental e problemas relacionados com as substâncias psicoactivas, proponho que esta relação pode variar em função de diferenças no funcionamento executivo. Vários défices no funcionamento executivo têm sido associados a psicopatologia, incluindo perturbações relacionadas com o consumo de substâncias (Bishara et al., 2010; Dolan, Bechara, & Nathan, 2008). Por exemplo, a investigação demonstra que a dependência de substâncias está associada a um pior desempenho do funcionamento executivo, incluindo a capacidade de mudar de forma flexível o foco de atenção e o conjunto cognitivo e de ajustar o comportamento em conformidade. Especificamente, as amostras de indivíduos que consomem substâncias psicoactivas demonstraram perseveração da resposta, que é considerada uma persistência inflexível do comportamento face a um feedback negativo (King, Alicata, Cloak, & Chang, 2010; Lane, Cherek, Tcheremissine, Steinberg, & Sharon, 2007; Verdejo-Garcia, López-Torrecillas, Aguilar de Arcos, & Pérez-Garcia, 2005). Estes resultados são compatíveis com a noção de que a toxicodependência é um processo que envolve o uso continuado de uma DAE, apesar da acumulação de consequências negativas, tal como definido no Manual de Diagnóstico e Estatística das Perturbações Mentais, Quarta Edição, Revisão do Texto (Associação Americana de Psiquiatria, 2000) e 5ª Edição (Associação Americana de Psiquiatria, 20013). É possível que a utilização de uma substância para lidar com emoções negativas se mantenha face a consequências aversivas devido à incapacidade do indivíduo de implementar um comportamento mais adaptativo para obter resultados mais favoráveis.

O objetivo do presente estudo é examinar as relações entre a inibição comportamental, a utilização de produtos alimentares alternativos para lidar com o afeto negativo e a perseveração da resposta, a fim de contribuir para a previsão de problemas relacionados com os produtos alimentares alternativos

3

(por exemplo, deficiências nas relações interpessoais, cumprimento das responsabilidades da vida e saúde física). Especificamente, o meu estudo examina se a inibição comportamental exerce os seus efeitos sobre os problemas relacionados com os produtos alimentares alternativos indiretamente através do motivo de utilização de produtos alimentares alternativos para lidar com os afectos negativos e se esta relação é mais forte em níveis elevados de perseveração da resposta (Figura 1).

Problemas relacionados com o álcool e outras drogas como variável de resultado

Os níveis problemáticos de consumo de substâncias psicoactivas podem ser operacionalizados de várias formas, incluindo a quantidade e a frequência de consumo, os diagnósticos de abuso e dependência derivados do DSM e o número de problemas ou consequências negativas associados ao consumo. Historicamente, o método mais utilizado na investigação tem sido a estimativa individual da quantidade e da frequência típicas de consumo de substâncias psicoactivas. A avaliação do consumo de substâncias psicoactivas é frequentemente baseada na quantidade e na frequência auto-relatadas, uma vez que outros métodos, como a observação direta do comportamento ou as medidas fisiológicas (por exemplo, a alcoolemia), são considerados pouco práticos e só medem o consumo muito recente (Marlatt & Donovan, 2005; Sobell & Sobell, 1992). Infelizmente, as medidas de quantidade e frequência auto-relatadas podem produzir relatórios de consumo excessivamente generalizados e relativamente imprecisos (Fishburne & Brown, 2006) e também foram criticadas por não captarem flutuações importantes no consumo (Sobell & Sobell, 1995). Além disso, os críticos propuseram que as estimativas agregadas do consumo de AOD são insuficientemente informativas quando utilizadas isoladamente, não só por causa da imprecisão, mas também devido à falta de captação de outros indicadores salientes do uso indevido de AOD. Por exemplo, alguns indivíduos podem consumir regularmente ou em grande quantidade e apresentar poucos problemas resultantes da sua utilização, enquanto outros indivíduos com taxas de consumo mais baixas podem apresentar problemas graves devido a episódios de consumo mais agudos (Wechsler, Davenport, Dowdall, & Moeykens, 1994; White & Labouvie, 1989). Como tal, uma literatura substancial demonstra que os padrões de consumo (quantidade e frequência de consumo) isoladamente não são o melhor preditor de perturbação.

Em alternativa, a utilização indevida de uma DAE pode ser conceptualizada como a quantidade de problemas que ocorrem em resultado da utilização em vários domínios da vida, incluindo dificuldades interpessoais (por exemplo, brigas com amigos ou família), prejuízo no cumprimento das responsabilidades da vida (por exemplo, problemas no trabalho ou na escola) e problemas de saúde física (por exemplo, sintomas de dependência ou abstinência). Esta informação pode dar uma representação mais significativa do envolvimento de um indivíduo com os produtos alimentares, especialmente antes ou na ausência de um diagnóstico, em que os problemas podem significar

4

precursores da necessidade de encaminhamento para tratamento. O Rutgers Alcohol Problem Index (RAPI; White & Labouvie, 1989) é um instrumento bem validado que abrange problemas relacionados com várias áreas de funcionamento, incluindo a maioria dos critérios para um diagnóstico DSM. A confirmação da ocorrência de problemas sugere um funcionamento comprometido e, por conseguinte, uma deficiência. O RAPI demonstra consistência interna em todas as categorias de substâncias, o que sugere que é uma medida adequada para indivíduos que consomem álcool, drogas ou que são utilizadores de várias substâncias (Ginzler, Garrett, Baer, Peterson, 2007; White & Labouvie, 1989). Por conseguinte, no presente estudo, concentro-me na ocorrência de problemas relacionados com as DAE e defino esses problemas como as consequências negativas causadas pelo consumo de DAE em múltiplos domínios da vida. A análise das variáveis que contribuem para a ocorrência de problemas relacionados com o consumo de substâncias psicoactivas pode lançar luz sobre os processos envolvidos na dependência, bem como informar potencialmente os alvos de intervenção que podem ajudar a melhorar a resposta ao tratamento de indivíduos que enfrentam perturbações associadas ao consumo de substâncias.

A inibição comportamental está associada a resultados negativos em termos de consumo de drogas

A Teoria da Sensibilidade ao Reforço de Gray (RST) descreve diferenças individuais de base biológica na sensibilidade ao reforço que correspondem a tendências comportamentais de aproximação e evitamento (Gray, 1987; Fowles, 2006 fornece um resumo abrangente do desenvolvimento do trabalho de Gray). Estas diferenças individuais resultam de dois sistemas que regulam o comportamento: o Sistema de Ativação/Aproximação Comportamental (BAS) e o Sistema de Inibição Comportamental (BIS). Para além das manifestações comportamentais, pensa-se que estes sistemas dão origem a emoções positivas e negativas e correspondem a diferenças individuais na emocionalidade (Corr, 2008; Smilie, Pickering, & Jackson, 2006).

O BAS baseia-se em circuitos de recompensa dopaminérgicos e pensa-se que regula as respostas apetitivas e os comportamentos de aproximação associados à procura de recompensa. Um BAS elevado está associado a traços de impulsividade e extroversão (Corr, 2008; Gray, 1987). Por outro lado, o BIS é predominantemente baseado no hipocampo e na amígdala e dá origem a emoções como o medo, a ansiedade, a frustração e a tristeza. O BIS reflete a sensibilidade à punição e é responsável pela ativação de comportamentos de evitamento e retração face a potenciais danos ou punições (Gray, 1982; Carver & White, 1994; Vervoort et al., 2010).

Presume-se que existem diferenças estáveis entre os indivíduos na atividade destes dois sistemas e que estes níveis influenciam diferencialmente o funcionamento psicológico (Carver & White, 1994; Gray 1991). A subactividade e a sobreactividade destes sistemas têm sido implicadas numa vasta gama de psicopatologias (Gray, 1982; Johnson, Turner, & Iwata, 2003). Por exemplo, um BAS elevado está ligado ao distúrbio de conduta e à sociopatia (Quay, 1988) e um BAS fraco tem sido associado à depressão e possivelmente à perturbação bipolar (Depue & Iacono, 1989). A investigação demonstrou que um BIS elevado prediz a ansiedade de forma transversal em crianças e adultos (Kimbrel, Nelson-Gray, & Mitchell, 2007; Vervoort et al., 2010) e prediz o diagnóstico de ansiedade ao longo da vida (Johnson et al., 2003). O BIS elevado também está associado a perturbações depressivas, mesmo quando se controla a ansiedade comórbida (Johnson et al., 2003; Kimbrel et al., 2007; Quay, 1988). Além disso, acredita-se que esses sistemas desempenham um papel importante na etiologia dos transtornos por uso de substâncias (Corr, 2002). Ou seja, o reforço é considerado um fator central na dependência, em que os indivíduos são motivados a adotar comportamentos aditivos (por exemplo, fumar, beber, jogar) para obter recompensas positivas, como a euforia, ou para diminuir as experiências negativas através da fuga e do evitamento (Cooper et al., 1995). O BAS tem recebido mais atenção na literatura, enquanto a relação entre o BIS e o consumo de substâncias é menos clara e relativamente pouco estudada (O'Conner et al., 2009; Wardell et al., 2012).

Originalmente, um terceiro sistema, o sistema de luta e fuga (FFS; Gray, 1982), mais tarde alterado para incluir o congelamento (FFFS; Gray & McNaughton, 2000), era considerado um sistema de punição secundário e pensava-se que mediava respostas rápidas não aprendidas (incluindo luta, fuga ou congelamento) em resposta a estímulos aversivos incondicionados. O FFS estava ligado à raiva e ao medo que se sobrepunham substancialmente ao BIS, obscurecendo a distinção entre esses dois construtos (Smilie, Pickering, Jackson, 2006). A teoria da sensibilidade ao reforço foi revista em 2000 (Gray & McNaughton, 2000) e o BIS foi reconceptualizado para funcionar como um sistema de resolução de conflitos ativado por fontes de conflito (e.g., situações de incentivo misto envolvendo pistas tanto para recompensa como para ameaça); no entanto, continua a ser considerado a base da ansiedade.

Smilie, Pickering e Jackson (2006) concluíram que estas duas conceptualizações não entram em conflito e que as diferenças subtis na operacionalização não afectam a forma como as diferenças individuais na atividade dos sistemas influenciam o comportamento. Na medição psicométrica, assume-se frequentemente a equivalência entre a medição da ansiedade e do medo (White & Depue, 1999). Tem sido argumentado que, embora o medo e a ansiedade possam ser distinguidos farmacologicamente e através de lesões, as reacções permanecem indistinguíveis clínica e experimentalmente (Smilie, Pickering, & Jackson, 2006). Os resultados da análise fatorial original das escalas BIS/BAS (Carver & White, 1994) revelaram um modelo de quatro factores que consiste em três subfactores BAS (impulso, procura de divertimento e reatividade à recompensa) e um fator BIS que corrobora a conceptualização original do BIS. Estes resultados foram repetidos muitas vezes em diferentes populações (Franken, Murris, & Rassin, 2005; Jorm et al., 1999; Knyazev, Slobodskaya, & Wilson, 2004), o que significa uma operacionalização unidimensional do BIS. Além disso, é de notar que a maioria da literatura publicada sobre o BIS/BAS utiliza a concetualização original como medida primária (a escala BIS/BAS de Carver e White), o que reflecte esta operacionalização do constructo. Como tal, o meu estudo segue o exemplo e aplica a operacionalização original do funcionamento do BIS/BAS de acordo com a concetualização de Carver e White (1994).

De acordo com Gray, os indivíduos com níveis elevados de BAS são considerados impulsivos e predispostos a procurar recompensas imediatas à custa de perdas mais distantes, como por exemplo através do consumo de substâncias psicoactivas e do jogo (O'Connor et al., 2009). Numerosos estudos demonstraram a associação entre níveis elevados de BAS e consumo de substâncias (por exemplo, Franken & Murris, 2006; Johnson et al., 2003; Loxton & Dawe, 2001; O'Conner & Colder, 2005). Por outro lado, pensa-se que níveis elevados de inibição comportamental (associados a uma elevada sensibilidade à punição) aumentam a vigilância e a evasão de potenciais fontes de danos, conduzindo a comportamentos de evitamento e de retração. Quando o indivíduo se depara com uma ameaça potencial (por exemplo, a possibilidade de cometer um erro), o BIS chama a atenção para esse perigo potencial e inibe o comportamento (por exemplo, o indivíduo afasta-se socialmente). Assim, os indivíduos com um nível elevado de BIS tendem a prestar demasiada atenção aos sinais de alerta de comportamento, o que dá origem a níveis elevados de ansiedade, a perturbações emocionais gerais e conduz frequentemente ao evitamento (Corr, 2008; Gray, 1982; Gray & McNaughton, 2000). Isto pode servir como um gatilho para o uso de AOD através de reforço negativo ou para fins de auto-medicação (O'Connor & Colder, 2005; O'Connor et al., 2009; Voigt et al., 1994). Para os indivíduos com um BIS elevado, a motivação para consumir uma DAE pode resultar de um desejo de aliviar o afeto negativo produzido pela vigilância crónica da ameaça e da evitação de danos (Corr, 2002).

A pesquisa até à data sobre a relação entre a inibição comportamental e os resultados do uso de AOD produziu resultados mistos, demonstrando tanto correlações positivas como negativas. As pontuações baixas no BIS têm sido associadas ao consumo de álcool (Franken & Muris, 2006; Wardell et al., 2012), abuso de álcool (Loxton & Dawe, 2001), consumo excessivo de álcool e jogo (Corr, 2002), consumo de metanfetaminas (Simons, Dvorak, & Batien, 2008) e consumo de marijuana (Simons & Arens, 2007). Contrariamente às suas hipóteses, O'Connor et al., (2009) encontraram correlações negativas e não significativas entre o BIS e o consumo de álcool, o consumo de cigarros e o jogo.

No entanto, estudos também demonstraram uma associação positiva entre o BIS e os resultados do uso de AOD (O'Connor, Colder, & Hawk, 2002; Voigt et al., 2009; Wardell et al., 2012). Numa amostra de 976 estudantes universitários, os resultados contradizem a hipótese de que a sensibilidade do BIS teria uma função protetora contra comportamentos de saúde de risco. Em vez disso, utilizando estimativas de máxima verosimilhança na modelação de equações estruturais (SEM), os investigadores descobriram que a sensibilidade BIS estava positivamente associada ao consumo de drogas, para além de uma dieta pobre, falta de atividade física e actos geralmente inseguros (Voigt et al., 2009).

Os investigadores observaram que a emocionalidade negativa associada ao BIS tem sido associada ao aumento da ingestão de alimentos e especularam que a correlação BIS-dieta pode indicar tentativas de melhorar o afeto negativo utilizando os alimentos como distração e, além disso, que esta relação pode aplicar-se igualmente à automedicação com drogas.

Wardell et al. (2012) examinaram os efeitos interactivos do BIS e da sensibilidade ao BAS no consumo problemático de álcool, tanto de forma transversal como prospetiva, em 638 estudantes universitários com idades compreendidas entre os 18 e os 24 anos. Os investigadores recolheram dados durante o primeiro ano de faculdade dos estudantes, com um acompanhamento um ano mais tarde, e utilizaram uma análise de regressão moderada para estimar os efeitos, usando o género como covariável. Encontraram uma associação positiva marginalmente significativa entre a sensibilidade do BIS e o consumo prospetivo de álcool e problemas relacionados com o álcool. Além disso, a sensibilidade do BIS foi um fator de previsão positivo significativo de futuros problemas relacionados com o álcool, quando condicionada por níveis elevados de BAS.

Os estudos que utilizaram uma medida alternativa de inibição comportamental (The Sensitivity to Punishment and Sensitivity to Reward Questionnaire; Torrubia, Avila, Moltó, & Caseras, 2001) também demonstraram associações positivas com os padrões de consumo de substâncias alcoólicas. Num estudo piloto com 169 estudantes universitários, O'Connor, Colder, & Hawk (2002) descobriram que a sensibilidade à punição estava significativamente associada de forma positiva a uma quantidade elevada e a uma frequência moderada de consumo de álcool (binge drinking). Numa amostra de 2270 estudantes universitários (com idades compreendidas entre os 18 e os 25 anos), a análise de percurso revelou que a sensibilidade ao castigo estava positivamente associada ao consumo prospetivo de metanfetaminas. No entanto, apenas cinco por cento da amostra referiu o consumo de metanfetaminas ao longo da vida e um terço destes indivíduos não regressou para completar as medidas de acompanhamento de seis meses. Consequentemente, os investigadores sugeriram a utilidade de investigar estas relações em amostras com uma maior proporção de consumidores de substâncias (Simons, Dvorak, & Batien, 2008).

Dada a influência direta do BIS na emocionalidade (nomeadamente o seu papel na produção de afectos negativos, como a ansiedade), parece haver uma sobreposição com constructos semelhantes, como a sensibilidade à ansiedade, a afetividade negativa, o neuroticismo e o evitamento de danos. Foram encontradas correlações elevadas entre estes traços e os traços que reflectem a sensibilidade à

8

punição, medida pela escala BIS e pelo Questionário de Sensibilidade à Punição e Sensibilidade à Recompensa (Carver & White, 1994; Dawe, Gullo, & Loxton, 2004; Li et al., 2008; Torrubia et al., 2001). Coletivamente, sabe-se que estas caraterísticas de vulnerabilidade emocional estão associadas a níveis mais elevados de problemas relacionados com o consumo de drogas (Goldstein & Flett, 2009; Mezquita, Stewart, & Ruiperez, 2010; Ruiz, Pincus, & Dickinson, 2003), bem como a antecedentes de recaída (Cooper et al., 1995; Marlatt & Donovan, 2005). Assim, a evidência da literatura sobre emocionalidade negativa fornece suporte teórico e empírico para a associação positiva entre a sensibilidade BIS e os resultados AOD.

Existem várias hipóteses sobre as razões por detrás dos resultados discordantes actuais. Muitos investigadores concluíram que a relação entre o BIS e o uso de AOD é complexa e sugeriram que os mediadores e moderadores provavelmente desempenham um papel na determinação da influência da sensibilidade do BIS nos resultados relacionados com AOD (por exemplo, O'Connor et al., 2009). É necessária mais investigação para clarificar os processos relevantes através dos quais o BIS exerce a sua influência nos resultados comportamentais, como o consumo de substâncias. O meu estudo visa colmatar esta lacuna através da análise de potenciais efeitos indirectos condicionais que podem ajudar a clarificar esta relação. Além disso, o meu estudo tem em conta a sugestão de investigar estas relações em amostras compostas por uma proporção mais elevada de consumidores de substâncias, limitando a elegibilidade para participação no estudo a indivíduos que consomem substâncias psicoactivas.

A inibição comportamental está associada a motivos para o consumo de drogas

Pesquisas recentes sugerem que as motivações de um indivíduo para o uso de AOD podem desempenhar um papel na relação entre tendências comportamentais, como a inibição comportamental e o uso problemático de álcool. Os modelos motivacionais do consumo de álcool sustentam que certos traços podem estar ligados a motivos distintos para beber (Cooper, 1994; Goldstein & Flett, 2009; Kuntsche et al., 2005; O'Connor e Colder, 2005), que são definidos como a necessidade ou função psicológica que o consumo de AOD serve a um indivíduo (Baer, 2002). Os investigadores identificaram quatro motivos principais para o consumo de álcool: melhoria social, melhoria do estado de espírito, conformidade e coping (Cooper, 1994; Kuntshe et al., 2005). Os motivos de coping podem ser descritos como o uso de álcool para evitar ou escapar a afectos negativos (Ham & Hope, 2003) e são de particular interesse dada a forte associação com resultados negativos do consumo de álcool (Cooper, 1994; Cooper, et al., 1995).

A reatividade emocional negativa e os elevados níveis de perturbação emocional têm sido associados ao consumo de álcool para gerir as emoções ou ao consumo de álcool para lidar com as emoções (Colder, 2001; Cooper et al., 1995). Por exemplo, vários estudos concluíram que os indivíduos que

9

consomem álcool para regular o humor ou para lidar com afectos negativos apresentam níveis mais elevados de neuroticismo, afectos negativos e sensibilidade à ansiedade, e níveis mais baixos de afectos positivos (Goldstein & Flett, 2009; Kuntsche et al., 2005). Para além disso, existem evidências de que níveis elevados de ansiedade na fobia social estão associados ao consumo de álcool (Carrigan & Randall, 2003).

Foram encontradas correlações elevadas entre os traços que reflectem a sensibilidade à punição, como a escala BIS, e o traço de ansiedade, evitamento de danos e neuroticismo (Carver & White, 1994; Dawe et al., 2004; Li et al., 2008). Assim, é provável que níveis elevados de inibição comportamental funcionem de forma semelhante, dada a sobreposição com estes constructos. Especificamente, um BIS elevado provavelmente torna os aspectos de reforço negativo do consumo de álcool particularmente salientes, incitando assim ao consumo de álcool como meio de reduzir o afeto negativo. Como tal, indivíduos com alta sensibilidade ao BIS têm maior probabilidade de sentir ansiedade e, portanto, correm o risco de beber para lidar com a situação ou outras estratégias de enfrentamento de fuga, como o jogo (Hasking, 2006; O'Conner et al., 2009).

Embora a maior parte da literatura se centre nos motivos relacionados com a bebida, existem provas de que os motivos de coping também se podem aplicar ao consumo de marijuana. Foi construída uma escala de motivos para lidar com a marijuana, que se revelou internamente consistente (α = .89), sugerindo que os motivos para lidar com a droga podem ser avaliados de forma fiável em todas as substâncias (Lee et al., 2009).

Além disso, à semelhança do álcool, o consumo de marijuana para lidar com emoções negativas pode estar relacionado com o funcionamento emocional. Um estudo concluiu que a desregulação emocional, outra construção que se pensa sobrepor-se à emocionalidade negativa, ao neuroticismo e à sensibilidade à ansiedade, estava relacionada com os motivos de coping nos consumidores de marijuana (Bonn-Miller et al., 2008).

Assim, existe apoio para alargar os modelos motivacionais para além do consumo de álcool, de modo a incluir outras drogas como a marijuana.

Os motivos estão associados a problemas relacionados com os produtos alimentares

A teoria motivacional sustenta que os motivos para beber são os antecedentes mais próximos do uso de AOD, através dos quais influências mais distantes, como tendências comportamentais, expectativas e contextos, são mediadas (Cooper, 1994; Kuntsche et al., 2005). Os modelos motivacionais do consumo de álcool têm sido apoiados pelas conclusões de que os motivos para beber prevêem padrões problemáticos de consumo de álcool e resultados como a ocorrência de problemas relacionados com o álcool (Britton, 2004; Cooper et al., 1995; LaBrie, Hummer, & Pedersen, 2007).

10

As motivações sociais e de valorização foram associadas ao consumo moderado e excessivo de álcool, respetivamente, mas ambas falharam na previsão e foram negativamente associadas a problemas relacionados com o álcool (Cooper, Russell, Skinner, & Windle, 1992; Kuntsche et al., 2005). Por outro lado, o consumo de álcool para lidar com afectos negativos tem sido associado a taxas de consumo mais elevadas, padrões de consumo considerados de risco e maiores consequências negativas (incluindo sociais, ocupacionais e maior tolerância e sintomas de abstinência) resultantes do consumo de álcool (Abbey, Smith, & Scott, 1993; Cooper, 1994; Cooper et al., 1995; Goldstein & Flett, 2009; Hasking & Oei, 2004). Uma revisão da literatura sobre os motivos para beber entre estudantes universitários demonstrou que os consumidores que usavam álcool para regular os afectos negativos tinham mais problemas relacionados com o álcool do que aqueles que eram motivados pela impulsividade e pela procura de sensações (Baer, 2002).

Mais uma vez, relativamente pouca investigação examinou a relação entre motivos e consequências relativas ao consumo de outras drogas; no entanto, um estudo demonstrou que os motivos de coping em consumidores de marijuana mostraram associações semelhantes com consequências negativas (Lee et al., 2009), o que sugere que esta relação pode transcender as categorias de substâncias e pertencer ao consumo de AOD em geral. É possível que os indivíduos que utilizam as DAE para lidar com emoções negativas tenham mais probabilidades de desenvolver dependência (uma consequência negativa do consumo crónico), porque outros mecanismos de confronto mais adaptativos podem não se desenvolver, uma vez que a utilização para lidar com a situação predomina como método de gestão da angústia e da disforia (Cooper, 1994). Parece que examinar o uso de AOD para lidar como um mediador pode ajudar a esclarecer os meios pelos quais os factores de vulnerabilidade emocional (ou seja, BIS) exercem efeitos sobre os problemas relacionados com AOD.

Os motivos como mediadores

Existem provas que sustentam a existência de uma ligação entre as diferenças individuais na ativação do BIS/BAS e o motivo de utilização para lidar com a situação, em que a sensibilidade à punição pode influenciar a estratégia de lidar com a situação utilizada pelo indivíduo e, por sua vez, influenciar os resultados comportamentais, como o consumo de bebidas alcoólicas. Hasking (2006) propôs que a sensibilidade ao reforço e os motivos de coping podem funcionar em conjunto como preditores distais e proximais (respetivamente) do comportamento de consumo de álcool. As análises de regressão hierárquica revelaram que o BIS estava associado ao coping evitante e que o emprego de estratégias de coping improdutivas (por oposição às estratégias de resolução de problemas) mediava a relação entre a inibição comportamental e as atitudes alimentares. Além disso, o coping improdutivo moderou a relação entre o fator de impulso do BAS e as atitudes alimentares. Estes resultados sugerem que pode existir uma relação indireta ou condicional entre o BIS, o coping e outros resultados, tais como as perturbações relacionadas com o consumo de substâncias, especialmente tendo em conta a elevada comorbilidade entre as perturbações alimentares e o consumo de álcool (Krahn, 1991). O'Connor & Colder (2005) descobriram que os motivos de reforço, coping e sociais para beber mediam a relação entre a sensibilidade à recompensa e os padrões problemáticos de consumo de álcool. Além disso, a relação entre a sensibilidade à punição, medida com a escala FFFS, e o consumo problemático de álcool foi mediada por motivos de enfrentamento de emoção e evitação (Ivory & Kambouropoulos, 2012). Assim, indivíduos com alto nível de inibição comportamental podem ser mais vulneráveis a sentir angústia e, portanto, mais propensos a se envolver em estratégias de enfrentamento desadaptativas, como o uso de AOD para lidar com emoções negativas.

A perseveração na resposta está associada a problemas relacionados com o consumo de drogas

O funcionamento executivo (FE) refere-se geralmente a um conjunto de capacidades cognitivas de ordem superior envolvidas no planeamento, na iniciação e na regulação do comportamento. Estas funções são conduzidas por regiões cerebrais específicas, incluindo o córtex pré-frontal (CPF) e áreas associadas (por exemplo, límbicas) interligadas com o CPF (Barkley, 2011; Goldstein & Volkow, 2002; Lubman, Yucel, & Pantelis, 2004). Existe um consenso crescente de que as capacidades das FE são, pelo menos, parcialmente independentes (Fisk & Sharp, 2004) e que o desempenho das capacidades das FE depende de redes interligadas que envolvem diferentes partes do CPF (por exemplo, Garavan, Ross, Li, & Stein, 2000). Como tal, os défices no funcionamento executivo manifestam-se de várias formas relacionadas com as capacidades acima referidas e estão associados a condições psicológicas específicas, incluindo perturbações relacionadas com o consumo de substâncias (Bishara et al., 2010; Dolan et al., 2008).

A investigação tem demonstrado que as deficiências nas FE desempenham um papel tanto como antecedentes como consequências do consumo de AOD. Por conseguinte, este estudo não tenta separar estes efeitos ou distinguir a causalidade; este manuscrito revê as provas de ambos em apoio da associação entre os défices das FE e o consumo de AOD. Em primeiro lugar, os estudos sugerem que os défices no funcionamento executivo podem ser anteriores ao consumo de substâncias e podem desempenhar um papel na transição do consumo para a dependência. Por exemplo, a desinibição neurocomportamental (que inclui uma capacidade de funcionamento executivo deficiente e é evidenciada por uma disfunção do córtex pré-frontal) parece estar relacionada com um risco acrescido de perturbações relacionadas com o consumo de álcool e de drogas. Os resultados da investigação revelaram que a desinibição neurocomportamental discrimina os jovens do sexo masculino com risco médio alto e baixo de perturbações relacionadas com o consumo de substâncias. Um fraco controlo inibitório associado à desinibição neurocomportamental em rapazes de 10-12 anos foi também um fator de previsão do consumo de substâncias aos 19 anos (Tarter et al., 2003). Além disso, pode haver

12

uma herança genética de tais défices, sugerida pelas descobertas de que os filhos de pais alcoólicos apresentam um desempenho prejudicado em testes neuropsicológicos antes do início do consumo de substâncias (Poon, Ellis, Fitzgerald, & Zucker, 2000).

Para além dos antecedentes neuropsicológicos do consumo de substâncias psicoactivas, sabe-se que a ingestão crónica de substâncias está relacionada com alterações neuroanatómicas associadas a deficiências do funcionamento executivo, tais como défices de atenção, inibição, tomada de decisões e flexibilidade cognitiva em utilizadores de uma variedade de substâncias. Por exemplo, Verdejo-Garcia et al. (2005) avaliaram o desempenho em várias avaliações neuropsicológicas numa amostra de 38 toxicodependentes polissubstanciais desintoxicados, predominantemente do sexo masculino (com idades compreendidas entre os 23 e os 44 anos), e concluíram que a maior percentagem da amostra apresentava um desempenho deficiente na tarefa de flexibilidade cognitiva. Do mesmo modo, Fernàndez-Serrano, Perez-Garcia, Rio-Valle e Verdejo-Garcia (2010) examinaram os efeitos diferenciais do álcool, da cocaína, da heroína e da canábis no desempenho das FE numa amostra de utilizadores europeus de polissubstâncias (n = 60). Os resultados revelaram que os indivíduos dependentes de substâncias (SDIs) demonstraram um desempenho significativamente mais fraco em todos os domínios avaliados das FE, apresentando deficiências específicas e generalizadas em todas as substâncias. Além disso, um exame da estrutura latente dos resultados dos testes neuropsicológicos dos participantes (329 indivíduos que participam num programa de tratamento ambulatório) revelou deficiências no desempenho em tarefas associadas ao funcionamento do CPF dorsolateral relacionadas com a fluência verbal, perseveração, flexibilidade mental, abstração e inibição da resposta (Fals-Stewart & Bates, 2003). Além disso, uma história familiar de consumo de substâncias tem sido

A análise dos dados neuropsicológicos revelou que a dependência de substâncias está implicada no aumento do risco de perturbações do funcionamento executivo para além das relacionadas com o abuso recente de substâncias (Dolan et al., 2008; Finn & Hall, 2004). Os tamanhos dos efeitos das diferenças entre os indivíduos dependentes de substâncias e os participantes de comparação em tarefas neuropsicológicas situaram-se no intervalo moderado (d de Cohen = .58-.69; Dolan et al., 2008).

Os investigadores identificaram um défice específico das FE, conhecido como perseveração da resposta (RP), que está associado ao consumo de substâncias psicoactivas e a resultados relacionados (Bishara et al., 2010; Parsons et al., 1987), normalmente medido pelo Wisconsin Card Sorting Test (WCST: Berg, 1948). A RP envolve uma resposta inflexível ou a persistência do comportamento face a um feedback negativo. Por exemplo, nesta tarefa, pede-se aos participantes que ordenem os cartões de acordo com uma regra que devem inferir a partir de um feedback baseado em cada ordenação.

Após um certo número de classificações corretas, a regra é alterada sem aviso prévio e o participante deve deduzir o novo critério de classificação. Este fenómeno é muitas vezes designado por set-shifting, ou seja, a capacidade de desviar a atenção ou o conjunto cognitivo em resposta a feedback ou a mudanças no ambiente, e está associado à flexibilidade cognitiva (Berg, 1948; Grant & Berg, 1948; Miyake, Friedman, Emerson, Witzki, Howerter, & Wager 2000). As respostas perseverantes ocorrem quando o indivíduo continua a ordenar os cartões com base nos critérios de ordenação antigos e não consegue mudar o conjunto cognitivo apesar do feedback contrário.

Foram demonstradas taxas mais elevadas de respostas perseverativas em indivíduos dependentes de AOD, medidas pelo WCST. Por exemplo, 128 adolescentes e jovens adultos consumidores de metanfetaminas (que preenchiam os critérios de abuso ou dependência de metanfetaminas) e controlos saudáveis (com idades entre os 12 e os 23 anos) foram avaliados com uma bateria de testes neuropsicológicos. Em comparação com os seus homólogos abstinentes, os consumidores de metanfetaminas apresentaram uma série de défices das FE, incluindo um maior número de respostas perseverativas no WCST (King, Alicata, Cloak, & Chang, 2010). Um estudo realizado por Lane, Cherek, Tcheremissine, Steinberg, e Sharon (2007) examinou o comprometimento das FE numa amostra de 53 adolescentes (com idades compreendidas entre os 14 e os 18 anos), 22 dos quais eram consumidores intensivos de marijuana, que fumavam regularmente quatro a sete dias por semana e cumpriam os critérios de abuso ou dependência do DSM-IV, e 31 dos quais eram controlos. A avaliação no WCST e numa tarefa de adaptação de respostas, quando se controla o sexo, a idade, o consumo de nicotina, a presença de perturbações de conduta e as subescalas do Youth Self Report, revelou significativamente mais erros perseverativos e totais e uma atribuição de respostas menos adaptativa às contingências variáveis de reforço.

Do mesmo modo, Bishara et al. (2010) verificaram que os indivíduos dependentes de substâncias, em comparação com os controlos saudáveis, apresentavam uma mudança de atenção significativamente mais lenta na sequência de feedback negativo (ou seja, mais erros perseverativos) e uma consistência de decisão reduzida (ou seja, respostas mais aleatórias). Coletivamente, estes dados indicam que os consumidores de drogas ilícitas tendem a apresentar dificuldades com a flexibilidade cognitiva, como demonstrado por um nível mais elevado de respostas perseverativas. Isto sugere que os indivíduos que consomem substâncias ilícitas continuam a adotar comportamentos desadaptativos, apesar das consequências negativas.

Resultados semelhantes, mas distintos, foram demonstrados em estudos que encontraram uma ligação entre a dependência de substâncias e deficiências na inibição da resposta e na tomada de decisões. Por exemplo, os alcoólicos demonstram um desempenho significativamente prejudicado no Iowa Gambling Task (IGT), que mede a tomada de decisões e a resposta enviesada (Bechara & Demasio,

2002; Noël, Bechara, Dan, Hanak, & Verbanck. 2007). As evidências desta literatura sugerem que os indivíduos toxicodependentes apresentam deficiências nos esforços para inibir a impulsividade e uma tendência para sobrevalorizar recompensas grandes e próximas. Para efeitos deste estudo, estou interessado nas deficiências específicas da flexibilidade cognitiva que impedem os indivíduos de extinguir velhos hábitos em favor de novos comportamentos adaptativos, o que parece ser uma deficiência distinta. Os resultados do estudo de Bishara et al. (2010) sugerem que o WCST e o IGT podem sobrepor-se na avaliação da consistência da decisão, mas não tanto na formação e extinção de hábitos. Do mesmo modo, Dolan et al. (2008) especularam que a deslocação de conjuntos é uma subfunção distinta das FE e que estão envolvidos substratos neurais separados. Bishara et al. (2010) observaram que o desempenho no IGT pode estar relacionado com áreas mediais do CPF, enquanto o WCST pode refletir o funcionamento nas áreas laterais. Por conseguinte, o presente estudo centrou-se na perseveração da resposta, uma vez que a perturbação desta subfunção parece ser mais relevante para as tentativas de mudança de comportamento de um indivíduo, como as que estão envolvidas na redução do consumo de substâncias ou na obtenção de abstinência.

Proponho que a resposta perseverativa pode moderar o efeito indireto da inibição comportamental sobre os problemas relacionados com os produtos alimentares, através da utilização para lidar com eles. Especificamente, a perseveração da resposta pode servir como um fator de risco, reforçando a magnitude deste efeito indireto. Por outras palavras, é possível que os indivíduos que demonstram níveis mais elevados de inibição comportamental, maior aprovação da utilização de AOD para lidar com o afeto negativo, e mais perseveração nas suas respostas (ou seja, não conseguem desvincular-se de uma resposta e demonstram uma capacidade prejudicada para se adaptarem ao feedback ou consequências negativas) possam ter maior probabilidade de continuar a utilizar AOD apesar de acumularem consequências aversivas refletidas em níveis mais elevados de problemas globais relacionados com AOD. Inversamente, os indivíduos com um elevado nível de inibição comportamental que consomem substâncias psicoactivas para lidar com os afectos negativos e demonstram níveis mais baixos de resposta perseverante (ou seja, maior flexibilidade na resposta) podem ter menos probabilidades de continuar a consumir substâncias psicoactivas e, por conseguinte, incorrer em menos problemas relacionados com o álcool.

O estudo atual

Embora a relação entre a diferença individual, os motivos para o consumo de substâncias e o consumo de substâncias esteja bem estabelecida, o meu estudo procura alargar este modelo a uma amostra de adultos em risco de consumo de substâncias. Para além disso, o meu estudo visa integrar variáveis específicas de diferença individual (inibição comportamental) e variáveis cognitivas (perseveração da resposta) que podem funcionar para aumentar o risco e emprestar alvos de intervenção (ver Figura

1). Dado o historial de resultados díspares, o meu estudo procura ajudar a determinar se as variáveis de sensibilidade ao reforço influenciam o consumo de substâncias de forma semelhante às variáveis de vulnerabilidade emocional relacionadas e ajudar a clarificar a natureza da relação entre a inibição comportamental e os resultados do consumo de substâncias psicoactivas.

Proponho as seguintes hipóteses:

1)   Níveis mais elevados de BIS são um indicador de maiores problemas relacionados com o consumo de bebidas alcoólicas.

2)   Níveis mais elevados de BIS serão associados a uma maior propensão para se envolver no uso de AOD para lidar com emoções negativas.

3)   Taxas mais elevadas de utilização de produtos alimentares para lidar com a situação estarão associadas a um maior nível de problemas relacionados com os produtos alimentares.

4)   O uso para lidar com a situação funcionará como um mediador da relação entre o BIS e os problemas relacionados com os AOD.

5)   A perseverança na resposta moderará a relação entre o uso de AOD para lidar com problemas relacionados com AOD.

6)   Os efeitos indirectos da inibição comportamental sobre os problemas relacionados com o consumo de bebidas alcoólicas, através da utilização de meios para lidar com os mesmos, dependerão do nível de perseveração da resposta do indivíduo.

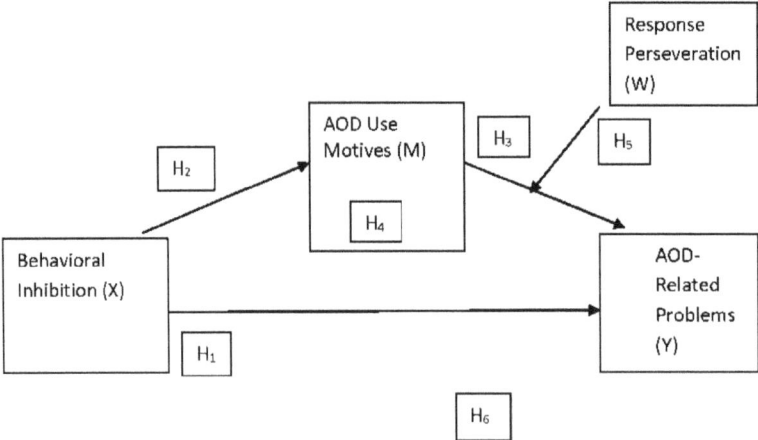

Figura 1. Modelo da relação mediadora esperada dos motivos para o consumo de substâncias psicoactivas entre a inibição comportamental e os problemas relacionados com as substâncias psicoactivas e o papel moderador esperado da perseveração da resposta.

16

CAPÍTULO II: Método

Caraterísticas dos participantes

Para testar as minhas hipóteses, recrutei uma amostra de adultos (com 18 anos ou mais) em risco de consumir substâncias alcoólicas. Para o efeito, utilizei um filtro de elegibilidade e recrutei indivíduos em locais onde era provável existirem consumidores de substâncias em risco. Assim, recrutei indivíduos de duas populações diferentes: estudantes universitários e indivíduos que se apresentam em centros de tratamento de toxicodependência/álcool. Utilizei estas estratégias de recrutamento para reduzir o enviesamento de um único método de recrutamento. Embora a utilização da medida de rastreio possa ter limitado a heterogeneidade da amostra, a heterogeneidade presente nas apresentações clínicas das perturbações associadas ao consumo de substâncias sugere que continua a existir uma variação substancial num grupo de consumidores em risco (Merikangas et al., 1998). Além disso, a variabilidade nos outros constructos não foi limitada pelo método de recrutamento.

Procedimentos de amostragem

Os participantes foram recrutados em vários locais, incluindo campus universitários e centros de tratamento de toxicodependência/álcool, e o processo de recrutamento variou ligeiramente consoante o local. No caso dos campus universitários, obtive autorização dos professores universitários para ir à sua sala de aula, apresentar uma breve descrição do estudo e dos procedimentos, responder a perguntas e fornecer um folheto de recrutamento aos alunos interessados, que incluía pormenores do estudo (por exemplo, a hiperligação para o procedimento de consentimento em linha, o rastreio de elegibilidade e as medidas do estudo). No caso dos centros de tratamento de toxicodependência e de alcoolismo, obtive autorização das instalações para afixar folhetos nas salas de espera e pedir ao pessoal dessas instalações para divulgar os folhetos aos pacientes adultos que estivessem interessados em participar no estudo.

Os indivíduos interessados acederam ao estudo em linha de forma segura através do Survey Monkey. Se os critérios de elegibilidade fossem cumpridos, o indivíduo era encaminhado para as restantes medidas de auto-relato em linha. Além disso, os participantes elegíveis completaram a medida de desempenho em linha através do Inquisit, que é uma aplicação segura baseada na Web para o WCST. A participação foi voluntária e aqueles que optaram por participar receberam um cartão-presente no valor de 10 dólares pela conclusão de todas as medidas do estudo. Aos que não eram elegíveis foi dada a oportunidade de participar numa lotaria e ganhar um cartão de oferta de 10 dólares (distribuído no final do estudo) para lhes agradecer a participação no rastreio de elegibilidade. O potencial de risco deste projeto era mínimo. Falar de emoções e do consumo de substâncias psicoactivas pode incomodar ou perturbar algumas pessoas; no entanto, trata-se de perguntas de rotina que as pessoas encontrariam normalmente num contexto de cuidados primários ou durante procedimentos médicos

17

típicos. Os participantes podem recusar-se a continuar com os questionários em linha em qualquer altura. O risco não era grave e não representava um perigo significativo para os participantes. O risco potencial foi minimizado assegurando aos participantes a confidencialidade, permitindo-lhes preencher o questionário na altura e no local que escolhessem e permitindo-lhes desistir em qualquer altura sem penalização.

Tamanho da amostra, potência e precisão

Existe uma escassez de literatura sobre a estimativa do poder em modelos de mediação complexos, como a mediação moderada que envolve efeitos indirectos condicionais (Thoemmes, MacKinnon, & Reiser, 2010). Assim, para o presente estudo, utilizei a média dos tamanhos de efeito encontrados na literatura para efeitos diretos entre variáveis para orientar a minha estimativa de um tamanho de efeito. Uma análise do poder utilizando o software G*Power versão 3.1.2 (Faul, Erdfelder, Buchner, & Lang, 2009) com as variáveis utilizadas no presente estudo sugeriu que eram necessários cerca de 68 participantes para cumprir os requisitos de poder para detetar efeitos significativos utilizando f^2 de 0,19 e poder desejado de $(1-\beta)$ .80 para o desenho de regressão múltipla linear utilizando quatro variáveis preditoras. No entanto, o poder foi aumentado da convenção padrão de 0,80 para 0,90, a fim de compensar a influência desconhecida que a estimativa do efeito indireto tem no poder. Assim, foram necessários 86 participantes para satisfazer os requisitos de poder para detetar efeitos significativos.

Medidas e Covariáveis

Foi pedido aos participantes que indicassem os seguintes dados demográficos: idade, sexo, etnia e situação em termos de tratamento (ou seja, se tinham ou não recebido tratamento para problemas de álcool ou drogas no passado).

Rastreio de perturbações relacionadas com o consumo de álcool e de drogas. O CAGE (Girela, Villanueva, Hernandez-Cueto, & Luna, 1994) é um instrumento de rastreio breve, amplamente utilizado, constituído por quatro perguntas destinadas a medir o risco de perturbações relacionadas com o consumo de álcool e de drogas em adultos. Exemplos de itens incluem: "Alguma vez se sentiu incomodado com as críticas dos outros ao seu consumo de álcool ou de drogas?" As pontuações variam de 0 a 4 e reflectem o número total de itens aprovados. Recomenda-se uma pontuação de corte de 1 para maximizar a sensibilidade, tendo demonstrado uma sensibilidade de 70-92% e uma especificidade de 48-90% em contextos de cuidados primários em consumidores e não consumidores de substâncias psicoactivas (Hinkin, Castellon, Dickson-Fuhrman, Daum, Jaffe, & Jarvik, 2001; Mdege & Lang, 2011). A medida demonstrou uma consistência interna aceitável ($\alpha = 0,92$; Leonardson et al., 2005). A medida foi utilizada apenas como um dispositivo de triagem para determinar a elegibilidade para a participação no estudo.

18

Inibição comportamental. A escala do sistema de inibição comportamental/sistema de abordagem comportamental (escala BIS/BAS; Carver & White, 1994) é composta por 20 itens. Os itens foram redigidos de forma a refletir o papel destes sistemas na geração de reacções emocionais. Assim, os itens do BIS foram escritos para refletir a experiência de ansiedade em circunstâncias que envolvem sinais de possível punição (Carver & White, 1994; Voigt et al., 2009). Por exemplo, os itens reflectem a preocupação com a possibilidade de cometer um erro (por exemplo, "Preocupo-me em cometer erros") e a angústia quando ocorrem erros (por exemplo, "As críticas magoam-me bastante"). Todos os sete itens fazem referência a acontecimentos potencialmente punitivos e a respostas típicas aos mesmos. Treze itens avaliam os três subfactores do sistema de abordagem comportamental: motivação (4 itens; p. ex., "Quando quero alguma coisa, geralmente faço tudo para a conseguir"), procura de divertimento (4 itens; p. ex., "Anseio por excitação e novas sensações") e reatividade à recompensa (5 itens; p. ex., "Quando consigo alguma coisa que quero, sinto-me entusiasmado e energizado"). Os participantes classificam os itens numa escala de 4 pontos que vai de discordo totalmente a concordo totalmente. A pontuação total do BIS tem sido utilizada na maioria dos estudos (p. ex., Carver & White, 1994; Jorm et al., 2009; Kane, Loxton, Staiger, & Dawe, 2004) e, consequentemente, foi utilizada no presente estudo.

A escala BIS demonstrou consistência interna adequada com coeficientes alfa que variam de .74 a .77 (Carver & White, 1994; O'Connor et al., 2009; Hundt, Mitchell, Kimbrel, & Nelson-Gray, 2010; Jorm et al., 1999; Voigt et al., 2009). Carver e White (1994) demonstraram uma fiabilidade teste-reteste adequada utilizando uma subamostra de 113 alunos testados cerca de oito semanas mais tarde (r = 0,66). Na minha amostra, o alfa de Cronbach para a escala BIS foi de 0,67.

A análise fatorial inicial conduzida por Carver e White (1994) utilizou uma amostra de 732 estudantes universitários com rotação oblíqua e produziu quatro factores (um BIS e três subfactores BAS: motivação, procura de divertimento e capacidade de resposta à recompensa) que representaram 49% da variação global. A escala BIS e as subescalas BAS foram carregadas separadamente em dois factores distintos e demonstraram correlações de ordem quase nula, sugerindo a independência destes construtos. Esta estrutura de factores foi apoiada por estudos analíticos mais recentes numa amostra comunitária australiana de 2725

(e.g., Jorm et al., 1999), amostra russa (Knyazev, Slobodskaya, & Wilson, 2004) e amostra holandesa (Franken, Murris, & Rassin, 2005).

A escala BIS demonstrou evidências de validade convergente; a escala BIS revelou correlações médias a elevadas com constructos alternativos, mas relacionados, medidos com a Escala de Ansiedade Manifesta (r = .58, p < .001), a Escala de Afectos Positivos e Negativos, a tendência para sentir afectos negativos (r = .42, p < .001), Temperamento Negativo (r = .45, p < .001), Suscetibilidade à Punição (r = .39, p < .001), MacAndrews & Steele BIS (r = .59, p < .001), e o Questionário de Personalidade Tridimensional (r = .59, p < .001). Esses valores sugerem que o BIS está relacionado, mas se distingue desses construtos alternativos (por exemplo, medidas de emocionalidade). De acordo com Carver e White (1994), o BIS foi concebido para captar com maior precisão a sensibilidade a estímulos que provocam ansiedade, em vez da qualidade afectiva geral. Um estudo adicional (n = 69) apoiou ainda mais esta afirmação numa experiência de laboratório que testou a capacidade do BIS para prever o nível de nervosismo numa situação em que os participantes foram expostos a uma situação ambígua que envolvia potenciais sinais de punição (ou seja, exposição a um pressor frio). Depois de controlar os níveis iniciais de nervosismo, as classificações subjectivas de desconforto relacionadas com o castigador (prensador frio) e a duração do tempo de exposição ao castigador, o BIS previu de forma significativa e fiável os relatos subsequentes de nervosismo.

O BAS não o fez, o que reforça a ideia de que o BIS e o BAS funcionam como sistemas independentes.

Motivos para beber. Os motivos dos participantes para consumir substâncias alcoólicas foram avaliados através do questionário Drinking Motives Questionnaire Revised (DMQ-R: Cooper, 1994). Esta medida é composta por 20 itens, cada um dos quais contribui para uma de quatro subescalas: motivos sociais, de coping, de melhoria do humor e de conformidade, contendo cada subescala cinco itens. Estudos anteriores demonstraram que o modelo de quatro factores é o que melhor se adapta aos dados de uma amostra universitária (MacLean & Lecci, 2000). Os participantes são instruídos a ler a lista de motivos que as pessoas dão para beber álcool ou consumir drogas e a assinalar a frequência com que apoiaram esse motivo nos 12 meses anteriores. Uma vez que estou interessado no motivo de coping, apenas foram incluídos os itens associados a esta subescala. Alguns exemplos de itens são: "Com que frequência bebe para esquecer as suas preocupações?" e "Com que frequência bebe para se animar quando está de mau humor?" Os itens são classificados numa escala de likert de 6 pontos (1 = "nunca", 6 = "quase sempre"). A pontuação da escala foi calculada através da soma dos itens da escala. Vários estudos demonstraram que a escala DMQ é internamente consistente, com o alfa de Cronbach a variar entre 0,82 e 0,90 (Cooper, 1992; Cooper, 1994; Goldstein & Flett, 2009).

A estrutura fatorial do DMQ-R foi previamente testada através de um procedimento de análise fatorial confirmatória. O modelo de quatro factores correlacionados foi o que melhor se ajustou aos dados $(\chi^2$ = 4,727.4, p < .001). O CFI foi de 0,94 e o RMR foi de 0,05 (Cooper, 1994). Os estudos demonstraram que o DMQ-R é estruturalmente invariante entre idades (adolescentes e jovens adultos), géneros e raças (caucasiana e afro-americana; Cooper, 1994), e invariante em três países (Canadá, Suíça e EUA; Kuntsche, Stewart e Cooper, 2008).

Além disso, o DMQ-R demonstrou validade na previsão de padrões e problemas de consumo de álcool em amostras de universitários e adultos (Cooper, 1994; Kuntsche et al., 2005). O DMQ-R foi alargado e adaptado para avaliar os motivos para consumir marijuana. A subescala de coping desta medida, composta pelos mesmos cinco itens, em substituição da marijuana, revelou-se internamente consistente (α = 0,92), sugerindo que os motivos de coping podem ser avaliados de forma fiável em todas as substâncias (Lee et al., 2009). Assim, os indivíduos responderam a cada pergunta sobre álcool e/ou drogas separadamente, conforme aplicável. Na minha amostra, o alfa de Cronbach foi de 0,90 para a utilização de álcool para lidar com a situação, 0,97 para a utilização de drogas para lidar com a situação e 0,93 para a escala combinada.

Perseveração da resposta. O Wisconsin Card Sort Test (WCST; Berg, 1948; Grant & Berg, 1948) é uma medida da capacidade de funcionamento executivo que envolve a flexibilidade cognitiva e a mudança de conjuntos, que é a capacidade de responder adaptativamente a regras variáveis em resposta a feedback. Os participantes completaram uma versão computorizada do WCST, na qual lhes foi apresentada uma série de cartões com cores, formas e números variados. Pedia-se aos participantes que ordenassem os cartões de acordo com uma regra desconhecida e o computador fornecia feedback após cada ordenação, indicando se a ordenação estava ou não correta. Ao longo do procedimento, o programa alterava a regra de ordenação sem aviso prévio, após 10 ordenações corretas numa determinada categoria (por exemplo, cor) em seis categorias.

Os participantes tinham então de deduzir a nova regra com base no feedback das suas respostas. Os erros cometidos durante o processo de aprendizagem foram analisados para produzir várias pontuações, incluindo a percentagem de erros, a percentagem de erros perseverativos, os conceitos e o número de categorias alcançadas. No presente estudo, foi administrada no ecrã uma administração computorizada padrão do WCST, adequada a clientes com idades compreendidas entre os 6,5 e os 89 anos. A persistência inflexível, demonstrada pelo número ou percentagem de respostas perseverativas, ocorre quando o indivíduo continua a ordenar com base na regra antiga, que já não é válida, e não consegue ordenar de acordo com a nova regra com base no feedback. O grau de perseveração, captado nas respostas perseverativas ou nos erros perseverativos, tem sido considerado a medida de resultado mais útil (Greve, Stickle, Love, Bianchini, & Stanford, 2005; Heaton, 1981). Por conseguinte, este resultado foi utilizado no presente estudo, em que uma pontuação elevada era indicativa de mau desempenho. As diferenças de desempenho no WCST demonstraram ser úteis para distinguir controlos saudáveis de indivíduos dependentes de substâncias e de indivíduos que consomem AOD (Bishara et al., 2010; Parsons et al., 1987). Numerosos estudos que examinaram o desempenho no WCST demonstraram que o WCST é uma medida fiável da deslocação de conjuntos em adultos (Berg, 1948;

Mitrushina, Boone, & D'Elia, 1999; Miyake et al., 2000). A investigação da fiabilidade teste-reteste entre métricas revelou valores aceitáveis (para erros totais e erros perseverativos, r = .79) em doentes com apneia obstrutiva do sono não tratados, com idades compreendidas entre os 30 e os 75 anos (Ingram, Greve, Fishel Ingram, & Soukup, 1999).

Problemas relacionados com o álcool. O Rutgers Alcohol Problem Index (RAPI; White & Labouvie, 1989) é uma medida de 23 itens concebida para avaliar a frequência de problemas relacionados com o consumo de bebidas alcoólicas, que reflectem o funcionamento social e de saúde, experimentados no último ano em resultado do consumo de substâncias. Os itens de amostra incluem "Continuou a beber quando prometeu a si próprio não o fazer" e "Foi aconselhado por um amigo ou vizinho a parar ou a reduzir o consumo de álcool". Os participantes indicaram a frequência com que tiveram cada problema numa escala de 4 pontos (0 = "nunca", 3 = "mais de 5 vezes"). As pontuações dos itens são normalmente somadas para criar uma pontuação total do RAPI. Esta escala demonstrou uma consistência interna adequada para dois períodos de tempo diferentes ($\alpha = 0,92$ para "alguma vez" e $\alpha = 0,93$ para "últimos três anos") numa grande amostra de adolescentes e jovens adultos com idades compreendidas entre os 12 e os 21 anos (White & Labouvie, 1989). Além disso, os coeficientes de estabilidade trienal revelaram uma estabilidade adequada e crescente entre os grupos etários (12, 15 e 18 anos de idade).

O RAPI demonstrou validade convergente entre os problemas relacionados com o álcool e a intensidade do consumo de álcool (White & Labouvie, 1989). Relativamente à validade preditiva, o RAPI previu significativamente o diagnóstico de perturbações associadas ao consumo de álcool aos 25 anos a partir das pontuações do RAPI aos 18 anos (Dick, Aliev, Viken, Kaprio, & Rose, 2011). A consistência interna foi mantida quando o RAPI foi administrado com uma instrução mais aberta relevante para o uso de poli-substâncias, indicando a fiabilidade da medição entre categorias de substâncias ($\alpha = .93$-94). Além disso, o RAPI demonstrou cargas factoriais invariantes e validade convergente com os critérios de diagnóstico do DSM para dependência e abuso em todas as categorias de substâncias (apenas álcool, apenas drogas e álcool e drogas; Ginzler et al., 2007). Assim, os indivíduos no presente estudo responderam a cada pergunta uma vez para o álcool e uma vez para as drogas (conforme aplicável) para indicar a frequência dos problemas relacionados com as DAO. As pontuações dos itens foram somadas para um intervalo de 0-69 por escala e 0-138 combinados. Na minha amostra, o alfa de Cronbach para o RAPI foi de 0,95 para a escala do álcool, 0,97 para a escala das drogas e 0,97 para a pontuação total combinada.

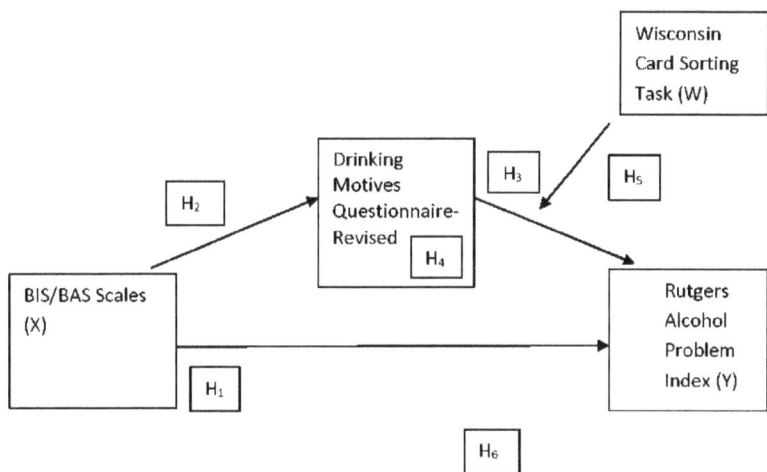

Figura 2. Medidas incluídas no presente estudo representadas no modelo hipotético.

Conceção da investigação

A fim de captar uma amostra de consumidores de substâncias psicoactivas em risco, e dado que o motivo da utilização para lidar com a situação só é relevante para os 'indivíduos que consomem substâncias psicoactivas, excluí todos os não consumidores das análises. Houve três níveis de análise para testar as minhas hipóteses de forma faseada. Primeiro, testei os efeitos indirectos condicionais da perseveração da resposta (Hipóteses 5 e 6) utilizando uma mediação moderada de segunda fase (Modelo 3), tal como formulado por Preacher, Rucker, & Hayes (2007). Utilizei a fórmula MODMED para testar a presença, força e significância dos efeitos indirectos condicionais e introduzi a inibição comportamental como variável independente, os problemas relacionados com o álcool como variável de resultado e a perseveração da resposta como moderador de segunda fase. A utilização desta macro do SPSS produz intervalos de confiança bootstrapped para determinar a significância dos efeitos indirectos condicionais. Este teste permite a comparação de declives simples, a análise de regiões de significância, bem como efeitos indirectos condicionais em valores do moderador em vários incrementos dentro do intervalo dos dados para estimar o efeito em níveis variáveis de perseveração da resposta. Devido ao reduzido poder de deteção das interações, fixei o nível de significância em p $< .10$, como é geralmente recomendado (Aguinas, 2004).

Em seguida, examinei o uso para lidar como um mediador da relação entre BIS e problemas relacionados com AOD, realizando uma análise de mediação simples (Preacher & Hayes, 2004). Dado que o produto dos coeficientes de caminho a e b é tipicamente positivamente enviesado e curtótico, especialmente em amostras mais pequenas, utilizei uma estratégia de reamostragem bootstrapping que não exige que a amostra seja normalmente distribuída e é apoiada por um corpo

23

crescente de literatura como uma alternativa aos testes de mediação da teoria normal. Os intervalos de confiança bootstrap com correção de enviesamento permitiram melhorar a precisão e o poder. A hipótese nula (nenhum efeito único significativo na variável dependente com a inclusão do mediador) pode ser rejeitada se o intervalo de confiança (IC) não contiver zero. As principais desvantagens desta abordagem são o facto de o cálculo dos IC poder ser mais demorado; no entanto, com um computador, esta não é uma desvantagem relevante. Além disso, o bootstrapping produz ICs ligeiramente diferentes cada vez que o método é aplicado aos dados;

No entanto, esta variação pode ser minimizada aumentando o número de reamostras. Outros métodos analíticos, como a estratégia de passos causais, têm sido criticados por não terem potência suficiente e por não testarem diretamente a hipótese de interesse (ou seja, a significância estatística da diferença entre o efeito direto e indireto); por isso, utilizei o bootstrapping para resolver esta limitação (Preacher et al., 2007). Por último, utilizei a regressão linear para testar os efeitos principais simples (Hipóteses 1 a 3).

CAPÍTULO III: Resultados

Fluxo de participantes

Dos 140 indivíduos que tentaram responder ao inquérito, 100% consentiram e 81% foram selecionados como elegíveis para participar (N=108). Sessenta e nove por cento dos que eram elegíveis (N=74) completaram a tarefa de observação comportamental (WCST). No entanto, seis duplicados foram removidos do conjunto de dados de auto-relato, resultando numa amostra de 102. A amostra final, baseada na inclusão de casos que não excederam os critérios de dados em falta (ver abaixo), incluiu 96 participantes. Cinco duplicados foram removidos do conjunto de dados do WCST, resultando numa amostra final de 69 para análises que examinam a perseveração da resposta.

Recrutamento

Recrutei uma amostra de adultos (a partir dos 18 anos de idade) em risco de consumo de drogas ilícitas utilizando um rastreio de elegibilidade (CAGE) e recrutei indivíduos em vários locais, incluindo campus universitários e centros de tratamento de drogas e álcool. Embora durante o recrutamento tenha sido visado um número igual de centros de tratamento locais e de faculdades, a maioria dos indivíduos que participaram (94%) eram estudantes universitários.

Prós e contras da utilização de um dispositivo de rastreio. O presente estudo apresenta várias vantagens e desvantagens da utilização de um dispositivo de rastreio. O objetivo do meu estudo era examinar as variáveis que contribuem para a ocorrência de problemas relacionados com as substâncias aditivas, a fim de esclarecer os processos envolvidos na toxicodependência e informar os alvos de intervenção. Assim, ao contrário da previsão de "qualquer consumo" (ou seja, um único episódio de consumo) no indivíduo médio (que poderia ser investigado na população em geral), o meu estudo preocupou-se com a previsão do consumo que está associado a um funcionamento comprometido e a uma deficiência que é melhor explorada numa amostra clínica. Como tal, não teria sido adequado testar as minhas hipóteses numa amostra da população em geral ou em indivíduos que não consomem álcool ou drogas, uma vez que a ausência de problemas relacionados com o consumo de bebidas alcoólicas não permite prever estas variáveis de estudo e teria provavelmente conduzido a um estudo com pouca potência. Estudos anteriores demonstraram que, quando o consumo de álcool e de drogas é baixo ou inexistente, não é viável examinar as relações entre os constructos (por exemplo, Simons, Dvorak, & Batien, 2008). De acordo com a literatura, a utilização para lidar com problemas relacionados com o consumo de substâncias e com o consumo de substâncias psicoactivas são caraterísticas que distinguem o consumo problemático de substâncias (e.g., Cooper et al., 1995). Consequentemente, a presença e a força desta relação (que se baseia na presença de níveis problemáticos ou de risco de consumo de AOD) afectaram o teste da minha mediação simples e do modelo global de mediação moderada como caminho beta. Assim, a fim de examinar as hipóteses do meu estudo e melhorar a generalização a uma amostra clínica, examinei estes processos em adultos que apresentavam um consumo de álcool e de drogas de risco (recrutando indivíduos em locais onde era provável existirem consumidores de substâncias de risco e utilizando o CAGE como dispositivo de rastreio).

As desvantagens da utilização do rastreio residem no facto de a eliminação de pessoas que consomem mas não têm problemas de consumo de substâncias psicoactivas poder ter restringido a variabilidade da minha variável dependente. Isto poderia ter contribuído para diminuir a capacidade de detetar efeitos significativos, uma vez que a restrição da gama diminui a força/magnitude de um efeito. No entanto, a gama de problemas relacionados com o consumo de substâncias alimentares associadas à droga na minha amostra foi de 0-118 num total de 138 (14 participantes não referiram problemas relacionados com o álcool, 53 participantes não referiram problemas relacionados com drogas e 8 participantes não referiram problemas relacionados com álcool ou outras drogas no último ano). Assim, apesar da utilização do instrumento de rastreio, parece haver uma amplitude suficiente na amostra e a utilização do instrumento de rastreio não parece ter restringido significativamente a variabilidade.

Estatística e análise de dados

Introdução de dados. Os dados foram introduzidos no software de análise Statistical Package for the Social Sciences (SPSS) versão 18.0. A pontuação total de inibição comportamental, com um intervalo de 0-28, foi introduzida como uma variável de escala contínua. O uso total de substâncias psicoactivas para lidar com o afeto negativo (somado nas respectivas versões de álcool e drogas para um intervalo total de 0-50) foi também introduzido como uma variável de escala contínua. A pontuação total de respostas perseverativas, calculada como o número de vezes em que o participante persistiu em responder a uma caraterística do estímulo (ou seja, continuou a ordenar os cartões com base na regra antiga após uma troca) foi introduzida como uma variável de escala contínua. A pontuação total dos problemas relacionados com o consumo de drogas e álcool ocorridos no último ano (somada nas respectivas versões de álcool e drogas, para um intervalo total de 0-138) foi introduzida na base de dados como uma variável de escala contínua e registada como variável dependente.

Seleção de dados. Antes das análises, a amostra de 102 foi revista para detetar a influência de valores anómalos e de dados em falta. As estatísticas descritivas univariadas foram inspecionadas para verificar a exatidão dos dados introduzidos. Todos os dados se enquadram em intervalos adequados. Os outliers foram inspecionados utilizando pontuações padronizadas e boxplots para cada medida contínua. Uma vez que todas as pontuações se encontravam dentro dos intervalos apropriados de pontuações possíveis, e porque se tratava de uma amostra clínica em que todas as pontuações dentro

26

do intervalo eram consideradas significativas, não foram removidos quaisquer valores anómalos da amostra. A média das pontuações de um participante numa variável identificada foi substituída por dados em falta quando o caso cumpria os critérios de 80% de dados não em falta na variável especificada. Uma soma simples não tem em conta os dados em falta, pelo que utilizei a fórmula da soma das médias para refletir as tendências dos dados em falta para cada participante, a fim de obter uma escala mais comparável e exacta dos dados. A dimensão da amostra resultante foi de 96.

As distribuições de todas as variáveis contínuas foram avaliadas quanto à normalidade univariada, a fim de informar a interpretação dos dados (Tabachnik & Fidell, 2007). Os valores de assimetria e curtose, bem como os histogramas, forneceram informações sobre a forma das distribuições de todas as variáveis contínuas (ver Tabela 1). Os resultados dessas pontuações sugeriram que a distribuição da inibição comportamental não era significativamente diferente da normal. As distribuições das pontuações relativas à utilização de produtos alimentares alternativos para lidar com os afectos negativos, à perseveração na resposta e aos problemas relacionados com os produtos alimentares alternativos foram positivamente enviesadas, indicando uma concentração de pontuações nos intervalos mais baixos. Além disso, a distribuição de pontuação para problemas relacionados com o consumo de AOD foi platicúrtica.

A estatística de Kolmogorov-Smirnov (teste K-S; Cohen, Cohen, West, & Aiken, 2003) também foi utilizada para testar a normalidade univariada de cada medida contínua. Como mostra a Tabela 1, a distribuição das pontuações para todas as medidas contínuas foi significativa, indicando que as distribuições são significativamente diferentes de uma distribuição normal. As transformações estatísticas dos dados foram consideradas para distribuições que eram significativamente diferentes da curva normal. No entanto, devido à complexidade da interpretação dos resultados das análises que utilizam múltiplas variáveis transformadas, essas técnicas só foram utilizadas para a variável dependente (problemas relacionados com o consumo de drogas). Foi aplicada uma transformação de raiz quadrada (Tabachnick & Fidell, 2013) para reduzir os valores de assimetria e curtose e aproximar mais os valores de normalidade.

Quadro 1

Avaliação da normalidade univariada de dados contínuos

Variáveis

Teste K-S de normalidade				Curtose		Skewness	
Medida	D	df	p	curtose	z kurt	assimetria	z skew
BIS	0.091	97.000	0.044	0.00	0.00	0.07	0.27
DMQ	0.160	98.000	0.000	0.43	0.89	1.10	4.49***

RP	0.146	70.000	0.001	0.02	0.03	0.70	2.45*
RAPI	0.207	96.000	0.000	5.40	11.08***	2.19	8.92***

Nota. D é a estatística do teste K-S. Para facilitar a interpretação, os valores z para curtose e assimetria são calculados dividindo o respetivo erro padrão. Um valor absoluto superior a 1,96 é significativo a $p < 0,05$, superior a 2,58 é significativo a $p < 0,01$ e superior a 3,20 é significativo a $p < 0,001$. * indica $p < 0,05$, ** $p < 0,01$, *** $p < 0,001$. BIS = Inibição comportamental, DMQ = Utilização de substâncias psicoactivas para lidar com afectos negativos, RP = Perseveração da resposta (medida pelo WCST), RAPI = Problemas relacionados com as substâncias psicoactivas.

Plano de análise de dados. A análise dos dados foi efectuada com recurso ao software de análise SPSS versão 18.0. As análises iniciais foram efectuadas utilizando informações demográficas para estabelecer as caraterísticas da amostra. A regressão múltipla, a mediação, a moderação e a mediação moderada foram efectuadas para examinar as hipóteses do estudo. Em primeiro lugar, testei os efeitos indirectos condicionais da perseveração da resposta (Hipóteses 5 e 6) utilizando uma mediação moderada de segunda fase (Modelo 3), tal como formulado por Preacher, Rucker, & Hayes (2007). Em seguida, examinei o uso de AOD para lidar como um mediador da relação entre a inibição comportamental e problemas relacionados com AOD, realizando uma análise de mediação simples (Hipótese 4; Preacher & Hayes, 2004). Por último, utilizei a regressão linear para testar a relação entre a inibição comportamental e os problemas relacionados com os produtos alimentares, a relação entre a inibição comportamental e a utilização para lidar com os problemas, e a relação entre a utilização de produtos alimentares para lidar com os problemas relacionados com os produtos alimentares.

Análises descritivas. A média de idade da amostra foi de 25,77 anos (DP = 8,52). A amostra era predominantemente feminina (26% homens; 1% transgénero). A amostra era predominantemente caucasiana (61,8%), 18,6% eram asiáticos americanos/ilhas do Pacífico, 6,9% eram hispânicos/latinos, 3,9% eram afro-americanos, 4,9% eram nativos americanos/nativos do Alasca e 7,8% relataram etnia mista. Em comparação com os dados dos Censos dos EUA (2011) relativos à região circundante, esta amostra era constituída por menos 20% de indivíduos caucasianos, menos 4% de indivíduos hispânicos/latinos, mais 3% de nativos americanos/nativos do Alasca e mais 10% de indivíduos asiáticos americanos/ilhas do Pacífico. Seis por cento eram indivíduos que participavam num programa local de tratamento da toxicodependência e 94% eram estudantes universitários. Para recolher uma amostra de adultos (a partir dos 18 anos) em risco de consumo de AOD, utilizei um rastreio de elegibilidade. Dos quatro itens do CAGE, 67% da amostra já pensou que devia reduzir o seu consumo de álcool ou de drogas, 53% já se sentiu incomodado com as críticas dos outros ao seu consumo de álcool ou de drogas, 69% já se sentiu culpado pelo seu consumo de álcool ou de drogas e 37% já bebeu ou consumiu drogas de manhã (abre-olhos). Por último, 13,7% da amostra já recebeu tratamento para problemas com álcool ou drogas.

As médias e os desvios-padrão (DPs) da inibição comportamental e da perseveração da resposta aproximaram-se dos valores registados em amostras da comunidade (BIS: Johnson et al., 2003; RP: Heaton, 1993; Kohli & Kaur, 2006). As médias e os DP relativos à utilização de substâncias psicoactivas para lidar com os problemas relacionados com as substâncias psicoactivas foram ligeiramente elevados, como esperado, e aproximaram-se das pontuações encontradas em amostras clínicas de consumidores de substâncias (DMQ: citar; RAPI: Marlatt et al., 1998). As pontuações do RAPI revelaram que 92,2% da amostra teve pelo menos um problema relacionado com o consumo de substâncias no último ano. O inquirido típico referiu a ocorrência de 19 problemas no ano anterior (DP = 23). As estatísticas descritivas dos participantes que fizeram parte do estudo e as correlações para todas as variáveis do estudo são apresentadas na Tabela 2. A idade, o sexo e o estado de tratamento demonstraram correlações significativas e, por conseguinte, foram introduzidos como variáveis de controlo nas análises seguintes.

Quadro 2

Médias, desvios-padrão e matriz de correlação das variáveis de investigação

Variable	M	SD	1	2	3	4	5	6	7
1. Age	25.77	8.52		0.00	-0.44**	-0.06	0.38**	-0.30*	0.45**
2. Gender			0.00		0.00	-0.20*	-0.11	-0.20	0.13
3. Tx			-0.44**	0.00		0.06	-0.57**	0.16	-0.58**
4. BIS	20.55	3.31	-0.06	-0.20*	0.06		0.11	-0.01	-0.04
5. DMQ	12.62	11.26	0.38**	-0.11	-0.57**	0.11		-0.07	0.64**
6. RP	7.54	4.72	-0.30*	-0.20	0.16	-0.01	-0.07		-0.24*
7. RAPI	19.11	23.26	0.45**	0.13	-0.58**	-0.04	0.64**	-0.24*	

Nota. N = 102, Tx = Já recebeu tratamento, BIS = Sistema de Inibição do Comportamento, DMQ = Utilização de produtos alimentares para lidar com afectos negativos, RP = Perseveração da resposta, RAPI = Problemas relacionados com os produtos alimentares, $* p < .05$, $** p < .001$

Regressão linear. Utilizei a regressão linear para testar efeitos principais simples (Hipóteses 1 a 3). A inibição comportamental não previu de forma significativa os problemas relacionados com o consumo de AOD (β = -.01, t = -.11, p = .92). A inibição comportamental não previu significativamente o uso de AOD para lidar com a situação (β = .11, t = 1.09, p = .28). O uso para lidar com a situação previu significativamente problemas relacionados com o consumo de AOD (β =

.63, t = 7.85, p < .001).

Mediação. Em seguida, examinei o uso para lidar com a situação como mediador da relação entre a inibição comportamental e os problemas relacionados com os produtos alimentares (Hipótese 4). A macro INDIRECT, formulada por Preacher e Hayes (2004), calcula os efeitos indirectos totais, diretos e de passo único da variável inicial (X) sobre a variável de resultado de interesse (Y) através da variável mediadora (M). Esta fórmula calcula os efeitos indirectos totais e específicos, bem como os intervalos de confiança bootstrap acelerados, baseados em percentis e com correção de enviesamento, para os efeitos indirectos. O teste de mediação é fornecido pelo IC de 95% para o efeito indireto total. Se o IC de 95% para o efeito indireto total não incluir zero, então é demonstrada uma mediação significativa. Obtive os intervalos de confiança bootstrap usando 5.000 iterações. Introduzi a inibição comportamental como variável independente, utilizando o AOD para lidar com a situação como mediador, e os problemas relacionados com o AOD como variável dependente. Os resultados da análise de mediação indicaram que o uso de AOD para lidar com a situação não mediou o efeito da inibição comportamental nos problemas relacionados com AOD (Figura 3).

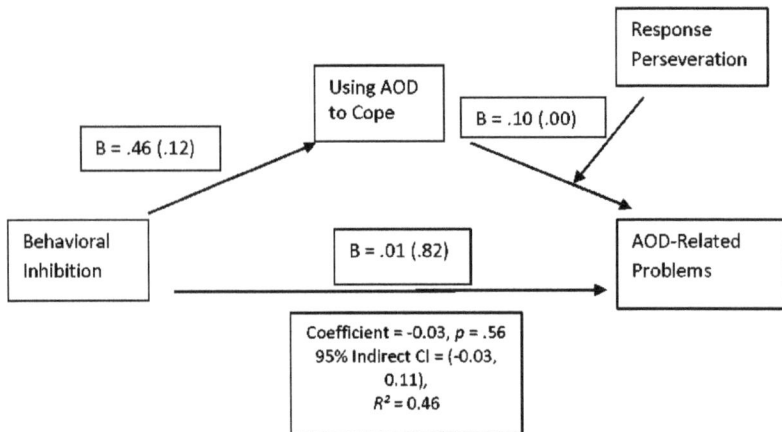

Figura 3. Modelo mediado da relação entre Inibição Comportamental, Motivos para o Consumo de AOD e Problemas Relacionados com AOD.

Análises de moderadores. Realizei análises de regressão múltipla hierárquica para examinar se a perseveração da resposta moderava o efeito principal do uso de AOD para lidar com problemas relacionados com AOD (Hipótese 5). Primeiro centrei as variáveis independentes e moderadoras e depois multipliquei-as para criar o termo de interação. O uso de AOD para lidar com o afeto negativo foi introduzido no Passo 1 para determinar se o uso de AOD para lidar com o afeto negativo tinha um efeito principal nos problemas relacionados com AOD. A perseverança na resposta foi introduzida na etapa 2. Criei um termo de interação com a utilização de produtos alimentares para lidar com os efeitos negativos e a perseveração da resposta, que foi introduzido na etapa 3 para determinar se a perseveração da resposta moderava a relação entre a utilização de produtos alimentares para lidar com os efeitos negativos e os problemas relacionados com os produtos alimentares. As análises indicaram que o uso de AOD para lidar teve um efeito principal nos problemas relacionados com AOD (β = .54, t = 5.84, p < .001), de tal forma que, à medida que o uso para lidar aumenta, o nível de problemas também aumenta. As análises indicaram que a perseveração da resposta teve um efeito principal nos problemas relacionados com o AOD (β = -.27, t = -2.94, p < .01), de tal forma que à medida que a perseveração da resposta aumenta, o nível de problemas relacionados com o AOD diminui. As análises também indicaram que a perseveração da resposta moderou significativamente a relação entre o uso de AOD para lidar e problemas relacionados com AOD (β = -0,25, t = -2,67, p = .01). Este resultado indica que o efeito da utilização de produtos alimentares para lidar com os problemas está condicionado pelos níveis de perseveração da resposta, pelo que, em níveis elevados de perseveração da resposta, a relação entre a utilização de produtos alimentares para lidar com os problemas relacionados com os produtos alimentares é atenuada. Os sinais beta opostos indicam um efeito de amortecimento (à medida que a perseveração na resposta aumenta, o nível de utilização de produtos alimentares para lidar com a situação e o número de problemas relacionados com os produtos alimentares diminui), como indicado na Figura 4. Em conjunto, estas variáveis representaram 46% da variância dos problemas relacionados com o consumo de AOD F(3, 66) = 18,88, p < .001 (ver Quadro 3).

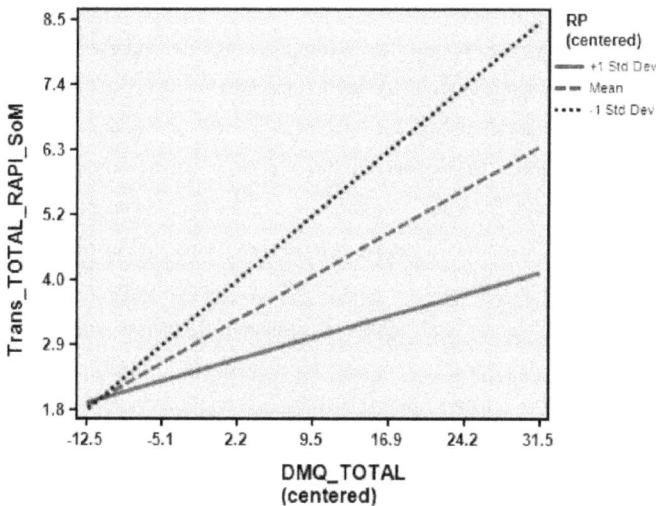

Figura 4. Gráfico da interação entre o Uso de AOD para lidar com a situação e a Perseveração da

31

resposta.

Quadro 3

Resumo da Análise de Regressão para a Perseveração da Resposta Moderando a Relação entre a Inibição Comportamental e os Problemas Relacionados com o Consumo de Drogas ($N = 69$).

Variável	B	SE	β	t	P	R^2
Passo 1						
DMQ	0.11	0.02	0.6	6.11	<.001	0.35
Passo 2						
DMQ	0.11	0.02	0.58	6.13	<.001	
RP	-0.10	0.04	-0.22	-2.36	0.02	0.4
Passo 3						
DMQ	0.10	0.02	0.54	5.84	<.001	
RP	-0.12	0.04	-0.27	-2.9	<.001	
DMQxRP	-0.01	0	-0.25	-2.67	0.01	0.46

Nota. DMQ = Utilização de substâncias para lidar com os afectos negativos, RP = Perseveração da resposta

Análises de mediação moderada. Examinei a perseveração da resposta como moderador da relação entre o uso de AOD para lidar com problemas relacionados com AOD (Hipótese 6), utilizando um modelo de mediação moderada de segunda fase (Modelo 3), tal como formulado por Preacher, Rucker, & Hayes (2007). A macro SPSS MODMED estima os efeitos de X em Y através de M em vários valores do moderador. Utilizei esta fórmula para obter os coeficientes de efeito mediado direto, total e condicional. Utilizei 5.000 iterações para obter intervalos de confiança bootstrapped (percentil, corrigido por viés e corrigido por viés e acelerado) para os efeitos indiretos condicionais. Estimei este efeito em níveis variáveis de perseveração da resposta (ou seja, a média ± 1 DP e todos os valores do moderador para testar regiões de significância). Introduzi a inibição comportamental como variável independente, utilizando o AOD para lidar com o problema como mediador, os problemas relacionados com o AOD como variável de resultado e a perseveração da resposta como moderador de segunda fase, seguindo o Modelo 3 (Preacher et al., 2007). Os resultados da análise de mediação moderada indicaram que a perseveração da resposta não moderou o efeito do uso de AOD para lidar com os problemas relacionados com AOD no âmbito da relação mediada (Figura 5).

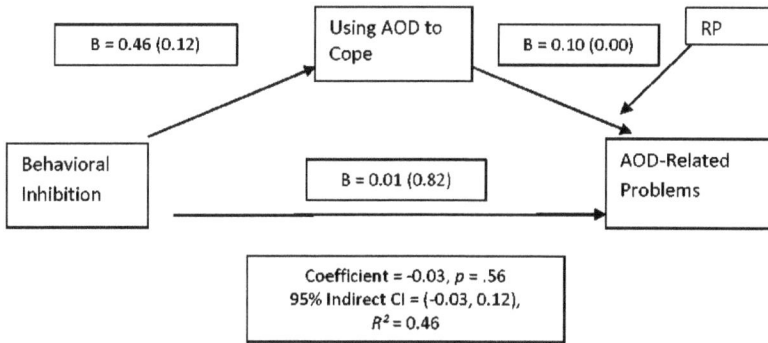

Figura 5. Modelo moderado e mediado da relação entre a inibição comportamental, os motivos para o consumo de AOD e os problemas relacionados com AOD.

Análises post-hoc. Tendo em conta os efeitos indirectos condicionais não significativos e os resultados da mediação, testei a existência de uma potencial relação curvilínea entre a inibição comportamental e os problemas relacionados com o consumo de drogas. A abundância de resultados equívocos na literatura relativamente à relação entre a inibição comportamental e os resultados do consumo de substâncias forneceu uma razão teórica para investigar se existia uma relação curvilínea entre a inibição comportamental e os problemas relacionados com o consumo de substâncias alimentares (por exemplo, O'Connor, Stewart, & Watt, 2009). Os componentes lineares e quadráticos da relação entre a inibição comportamental e os problemas foram examinados por regressão múltipla hierárquica, testando um modelo linear e, em seguida, adicionando o componente quadrático do preditor (inibição comportamental centrada, depois ao quadrado). As análises revelaram um efeito quadrático que se aproximou da significância (β = -.16, t(96) = -1.72, p = .09, ΔR^2 = .02), indicando que aqueles que relataram níveis baixos e altos de inibição comportamental relataram níveis baixos de problemas relacionados com o consumo de AOD, enquanto aqueles que endossaram níveis intermédios de inibição comportamental relataram níveis altos de problemas (ver Figura 6). A inibição comportamental curvilínea foi responsável por um total de 5% da variância dos problemas relacionados com o consumo de drogas. Quando utilizada como variável independente, os resultados da mediação e da mediação moderada não foram significativos.

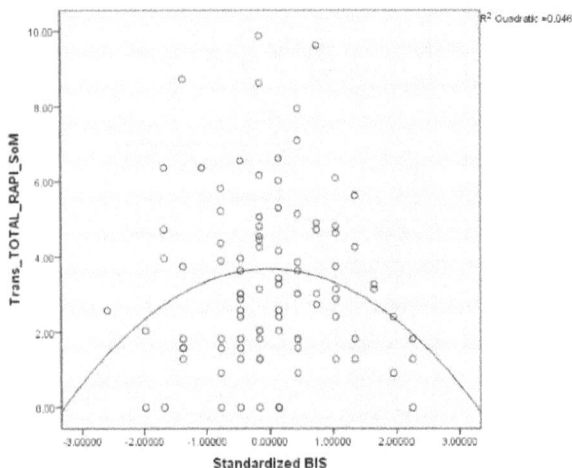

Figura 6. Gráfico da relação curvilínea entre a Inibição Comportamental e os problemas relacionados com o consumo de drogas.

Para desvendar ainda mais a forma como estas variáveis funcionavam dentro da amostra, o nível de problemas relacionados com o consumo de álcool foi examinado em função do nível de perseveração dos participantes, utilizando um ponto de corte clínico de 13 (Heaton et al., 1981; Morice, 1990). Os indivíduos do presente estudo demonstraram respostas perseverativas e pontuações percentuais de respostas perseverativas consistentes com as normas do WCST (Heaton, 1993; Kohli & Kaur, 2006). Foi efectuado um teste t para amostras independentes para avaliar se existem diferenças significativas entre indivíduos acima e abaixo do ponto de corte clínico para a perseveração de respostas. O teste foi significativo (t(68) = -2,36, p = 0,02). Em média, os indivíduos acima do ponto de corte para respostas perseverativas relataram significativamente menos problemas relacionados com o consumo de substâncias psicoactivas (M = 1,86, DP = 1,52) em comparação com os indivíduos abaixo do ponto de corte (M = 3,42, DP = 2,18). O intervalo de confiança de 95% variou entre -2,88 e -,24. A Figura 7 mostra um boxplot das distribuições para cada grupo.

Trans_TOTAL_RAPI_SoM

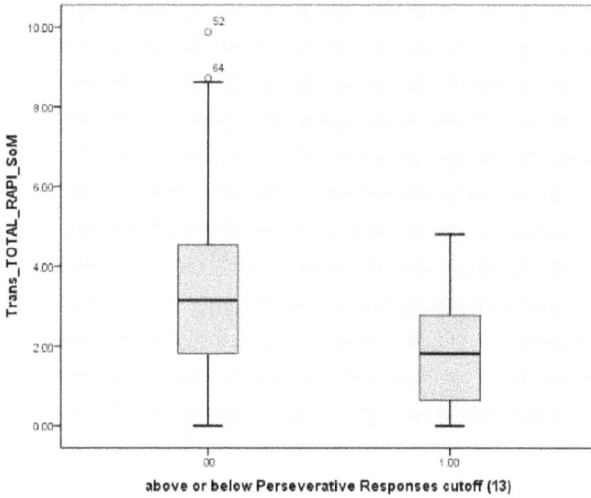

above or below Perseverative Responses cutoff (13)

Figura 7. Gráfico de caixa das distribuições das pontuações dos problemas relacionados com o consumo de drogas como função do nível de perseveração da resposta.

A utilização de substâncias psicoactivas para lidar com os afectos negativos e as respostas perseverativas (utilizando as pontuações do WCST) também foram examinadas em função do estado de alcoolismo dos participantes. Na ausência de uma pontuação de corte padrão do problema RAPI, foi determinada uma pontuação de corte de 15 com base em recomendações anteriores na literatura para distinguir utilizadores de substâncias de alto risco (Baer et al., 2001; Marlatt et al., 1998). Os consumidores de bebidas alcoólicas de alto risco (>15) referiram uma utilização significativamente maior de substâncias tóxicas para lidar com os afectos negativos (M = 20,54, DP = 11,54) do que os consumidores de bebidas alcoólicas abaixo do limiar (M = 7,65, DP = 7,4) (t(94) = 6,67, p < 0,001). Além disso, os bebedores problemáticos demonstraram menos respostas perseverativas (M = 6,58, DP = 4,20) em comparação com aqueles abaixo do ponto de corte (M = 8,11, DP = 4,96), embora a diferença não tenha sido significativa (t (68) = -1,32, p = 0,19).

35

DMQ_TOTAL

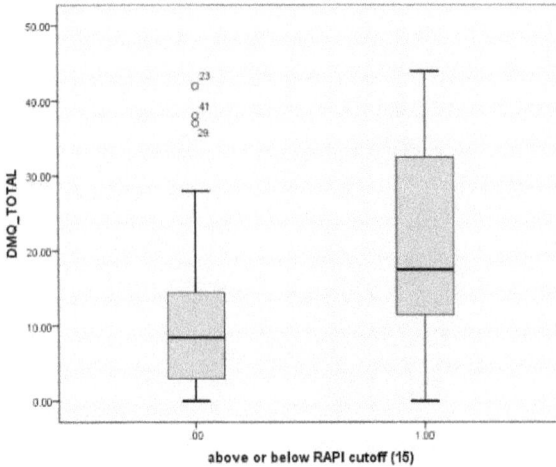

Figura 8. Gráfico de caixa de distribuições de Uso de AOD para lidar com afeto negativo como uma função do nível de problemas relacionados com AOD.

Análises complementares

O bootstrapping é único na medida em que é uma abordagem não paramétrica à estimativa do tamanho do efeito e fornece um teste de significância formal do efeito indireto. Em primeiro lugar, é uma estratégia de reamostragem em que não são impostos pressupostos sobre a forma da distribuição da amostragem, resolvendo assim o problema comum de baixo poder associado à estimativa de efeitos estatísticos em amostras não normais e assimétricas. Em segundo lugar, o bootstrapping utiliza um intervalo de confiança resultante de uma distribuição de amostragem derivada empiricamente que fornece um teste de significância formal do efeito indireto. A utilização de um intervalo de confiança reduz as probabilidades de conclusões incorrectas sobre a mediação, o que constitui uma vantagem em relação aos métodos alternativos do produto do coeficiente (ver Preacher & Hayes, 2004). O erro estatístico também foi gerido através da estimativa de uma dimensão adequada da amostra (análise do poder) e da ultrapassagem da dimensão da amostra estimada para aumentar o poder (com exceção das hipóteses que envolvem perseveração da resposta).

Conclusão

Os resultados da análise do modelo proposto demonstraram um apoio parcial aos componentes de um modelo de sensibilidade ao reforço, motivos e informação cognitiva dos problemas relacionados com o consumo de drogas. A inibição comportamental não previu linearmente os problemas relacionados com o consumo de AOD, mas aproximou-se da significância de forma quadrática relativamente à H1.

36

A inibição comportamental não previu a utilização para lidar com os problemas, pelo que a H2 não foi apoiada. O uso para lidar com os problemas relacionados com o consumo de substâncias psicoactivas, em apoio da H3. Usar para lidar não mediou a relação entre BIS e problemas, portanto H4 não foi apoiada. Houve uma interação significativa, de tal forma que a perseveração da resposta moderou o efeito direto do uso para lidar com os problemas relacionados com o consumo de drogas ilícitas, em apoio da H5. Foi efectuado um teste à H6 e verificou-se que a perseveração da resposta não moderava a relação mediada pela inibição comportamental nos problemas relacionados com o consumo de substâncias ilícitas através da utilização para lidar com os mesmos.

As análises post-hoc forneceram evidências de uma relação curvilínea entre a inibição comportamental e os problemas relacionados com o consumo de drogas. Além disso, as análises post-hoc forneceram um perfil de indicadores clínicos dentro de uma amostra em risco e indicaram diferenças significativas nos níveis de problemas relacionados com o consumo de AOD entre indivíduos acima e abaixo dos pontos de corte clínicos para a perseveração da resposta. Além disso, foram encontradas diferenças significativas na utilização de produtos alimentares para lidar com o afeto negativo entre indivíduos acima e abaixo dos pontos de corte clínicos para o consumo problemático de substâncias.

CAPÍTULO IV: Debate

Resumo dos resultados

O objetivo do presente estudo foi determinar se a relação entre a inibição comportamental e os problemas relacionados com os produtos alimentares pode ser explicada, em parte, pela utilização de produtos alimentares para lidar com os afectos negativos e condicionada pelos níveis de perseveração da resposta. Testei este modelo examinando se o uso de AOD para lidar com a situação mediava a relação entre a inibição comportamental e os problemas relacionados com os AOD. Também examinei a perseveração da resposta como um potencial moderador da associação entre o uso de AOD para lidar com problemas. Finalmente, examinei se a perseveração moderava a segunda fase desta relação mediada.

Por que razão não existe um efeito principal entre a inibição comportamental e os problemas relacionados com os produtos alimentares?

A inibição comportamental não previu problemas relacionados com o consumo de drogas e, por conseguinte, não houve apoio para um efeito principal entre estas variáveis. Existem múltiplas explicações potenciais para esta conclusão, incluindo poder insuficiente, erro de medição e caraterísticas da amostra.

Uma vez que há uma ausência de literatura ou teoria independente para orientar a estimativa de poder para modelos de mediação complexos (correspondência de e-mail Hayes 2011; Thoemmes, MacKinnon, & Reiser, 2010), incluindo efeitos indiretos condicionais, eu pretendia compensar a influência desconhecida da estimativa do efeito indireto sobre o poder, aumentando o poder da convenção padrão de $(1-\beta)$ .80 (para design de regressão múltipla linear usando f^2 de 0,19 e quatro variáveis preditoras) para .90 que indicou um tamanho de amostra de 86. Consegui atingir este valor no tamanho final da amostra de 96 para as hipóteses um a quatro, o que sugere que o poder teria sido adequado para detetar um efeito principal entre a inibição comportamental e os problemas relacionados com o consumo de bebidas alcoólicas. Além disso, o tamanho da amostra de 69 para a Hipótese 5 cumpriu a norma recomendada de 0,80 e foi suficiente para detetar uma relação moderada entre DTC e AOD. No entanto, esta dimensão da amostra pode ter aumentado o risco de não se encontrar um efeito que existia efetivamente para o modelo completo. Por conseguinte, a falta de poder provavelmente não explica a ausência de um efeito principal entre a inibição comportamental e a variável dependente. Além disso, o efeito real detectado entre o BIS e a DAO foi quase nulo (r = - 0,04), o que sugere que uma explicação alternativa ao poder pode explicar melhor este resultado.

É possível que deficiências na medição possam ter contribuído para a ausência de um efeito principal. O erro de medição pode ter sido introduzido através de uma fraca fiabilidade da inibição comportamental reflectida na pontuação alfa de Cronbach de .67 para a escala BIS. Após uma inspeção mais aprofundada, esta pontuação não é significativamente inferior aos estudos psicométricos originais .70-.74 (Carver & White, 1994), bem como a estudos mais recentes (BIS .75 relatado em O'Connor et al., 2009). No entanto, está dentro do intervalo fraco, considerando esta fase de desenvolvimento e utilização do instrumento, uma vez que se espera um alfa de .90 ou superior para um instrumento estabelecido (Nunnally, 1978). Este nível de fiabilidade não foi alcançado na maioria dos estudos analisados que utilizaram as escalas BIS/BAS. Em Corr (2008), uma análise de todas as escalas BIS indicou um alfa médio global de 0,78 entre sete medidas. Isto pode indicar dificuldades gerais com a medida e pode, em parte, dever-se ao facto de a escala BIS ser constituída por um número restrito de itens (ou seja, 7) ou refletir erros de especificação do constructo. No entanto, outros estudos que utilizaram esta medida conseguiram obter correlações significativas e efeitos lineares com índices de fiabilidade ligeiramente superiores (por exemplo, Franken & Muris, 2006; Loxton & Dawe, 2001; Simons, Dvorak, & Batien, 2008; Wardell et al., 2012). Assim, no presente estudo, a fraca taxa de fiabilidade da escala BIS contribuiu provavelmente para a ausência de um efeito principal.

No que respeita às caraterísticas da amostra, a minha amostra continha 96 indivíduos com uma média de idades de 26 anos. A maioria dos participantes (94%) provinha da comunidade local e de campi universitários de dois anos, que provavelmente têm uma média de idades mais elevada do que os campi universitários típicos. Quarenta por cento da amostra tinha entre 18 e 21 anos (que é a parte da amostra que se assemelha a uma amostra universitária típica), enquanto 60% da amostra tinha entre 21 e 59 anos, com dezasseis indivíduos com 32 anos ou mais. A idade média dos participantes de um centro de tratamento era de 45 anos. Apesar destas caraterísticas, a inibição comportamental foi distribuída normalmente e a idade foi controlada em todas as análises, o que sugere que as caraterísticas únicas desta amostra de universitários e a idade geralmente mais avançada dos que foram recrutados em centros de tratamento (o que aumentou a idade média geral da amostra) provavelmente não prejudicaram as análises, mas informam a quem as conclusões deste estudo se podem aplicar. Podemos estar mais confiantes em generalizar para bebedores de alto risco de uma faixa etária mais ampla, mas essas conclusões podem ser menos pertinentes a uma amostra típica de universitários de 18 a 21 anos. Estas conclusões podem também aplicar-se menos a indivíduos que procuram tratamento em centros de tratamento, uma vez que estes estavam sub-representados no estudo.

Assim, uma maior fiabilidade na medição da inibição comportamental teria provavelmente melhorado a capacidade de detetar um efeito entre a inibição comportamental e os problemas relacionados com as DAO. Outros estudos com resultados nulos entre o BIS e resultados dependentes, incluindo o uso de substâncias e outros comportamentos aditivos, atribuíram a sua falta de resultados à possibilidade de uma inibição comportamental elevada poder ser apenas um fator de risco para níveis muito pesados ou desordenados de uso de substâncias (por exemplo, Ball, 2005). Corr (2008) discute a possibilidade de as sensibilidades elevadas serem mal medidas utilizando as medidas existentes do BIS, que não têm a capacidade de captar indivíduos na gama extremamente elevada. Isso pode ter contribuído para o erro de medição no presente estudo, especialmente dada a natureza clínica da amostra. Outros estudos com resultados nulos entre o BIS e os resultados dependentes e resultados que entraram em conflito com estudos anteriores sugeriram a possível presença de um efeito curvilíneo (O'Connor et al., 2009).

Relação curvilínea. Investigações anteriores sobre a relação entre a inibição comportamental e os resultados do consumo de substâncias resultaram em conclusões equívocas. Os resultados do presente estudo sugerem uma relação curvilínea entre a inibição comportamental e os problemas relacionados com o consumo de drogas, em que os indivíduos com um nível baixo e elevado de inibição comportamental demonstram níveis mais baixos de problemas e os indivíduos com níveis intermédios de inibição comportamental demonstram níveis mais elevados de problemas associados ao seu consumo de substâncias.

A natureza da relação curvilínea fornece informações sobre quem está em maior risco de ter problemas relacionados com o consumo de AOD. Os indivíduos com baixa inibição comportamental podem apresentar um baixo nível de problemas porque experimentam baixos níveis de excitação e evitamento (Corr, 2008). Esta reduzida hipervigilância em relação aos danos e o baixo nível de ansiedade coincidente podem resultar em resiliência, adaptação ou outros pontos fortes que atenuam o comportamento problemático, como o abuso de substâncias e as consequências associadas. Estes indivíduos podem, assim, estar menos inclinados a procurar substâncias e menos expostos ao risco de abuso ou dependência de substâncias.

Inicialmente, foi colocada a hipótese de que os indivíduos com níveis elevados de inibição comportamental apresentariam níveis elevados de problemas, em que um nível elevado de sofrimento emocional (relacionado com hipervigilância e evitamento acrescidos) contribuiria para o consumo de substâncias. No entanto, os resultados do presente estudo coincidem com estudos anteriores que demonstram um efeito protetor de níveis elevados de inibição comportamental contra problemas relacionados com o consumo de substâncias psicoactivas. Neste caso, a atenção e o aumento da saliência de potenciais consequências adversas correspondem à evitação de comportamentos problemáticos, como o abuso de álcool e drogas (por exemplo, Wardell et al., 2011). Outra explicação oferecida, específica para estudantes universitários, é que indivíduos altamente inibidos comportamentalmente podem evitar os tipos de contextos sociais em que o álcool está prontamente disponível (O'Connor & Colder, 2005).

Por último, os indivíduos com um nível intermédio de inibição comportamental registaram o nível mais elevado de problemas relacionados com o consumo de substâncias psicoactivas. Esta constatação pode estar em consonância com as previsões lineares, em que níveis crescentes de inibição comportamental prevêem o consumo e os problemas relacionados com o consumo de substâncias psicoactivas (por exemplo, O'Connor, Colder, & Hawk, 2002; Voigt et al., 2009) até um determinado ponto em que a importância das consequências adversas ultrapassa a motivação para consumir substâncias como uma forma aceitável de lidar com os problemas e a vigilância contra os danos atenua o abuso de substâncias e as consequências. No entanto, esta é uma caraterização provisória e é necessária uma replicação para tirar conclusões.

A natureza equívoca dos resultados dos estudos sugere que a investigação anterior pode ter sido limitada na elucidação completa da relação entre a inibição comportamental e os resultados do consumo de substâncias. Por exemplo, a restrição do alcance da inibição comportamental nas amostras pode ter contribuído para a natureza equívoca dos resultados dos estudos. O presente estudo incluiu os indivíduos nos extremos da gama de inibição comportamental, aumentando a heterogeneidade das pontuações. Como tal, recomenda-se que, em estudos futuros, se tenha em atenção as caraterísticas da amostra e se tenha cuidado ao tirar conclusões a partir de relações lineares observadas.

Uma crítica à Teoria da Sensibilidade ao Reforço. A falta de significância do modelo justifica a análise da teoria subjacente. A par das provas que sustentam a TSR, existem algumas preocupações relativamente à consistência e à medição dos constructos, bem como ao âmbito e ao viés reducionista da teoria. De acordo com Corr (2008), Gray concebeu que os sistemas cérebro-comportamento definiam a personalidade. Ele procurou identificar as propriedades desses sistemas baseados no cérebro e relacioná-los com variações na personalidade. A teoria de Gray foi um dos primeiros modelos a destacar as diferenças na motivação apetitiva e aversiva e a associar a ansiedade e a impulsividade a essas diferenças, o que constitui um ponto forte da teoria.

No entanto, globalmente, esta continua a ser uma questão por resolver. A investigação mostra resultados mistos que, em 2000, levaram a uma revisão da teoria que ainda não foi totalmente adotada pela investigação convencional. Este facto tem sido atribuído à inércia da antiga teoria, bem como aos méritos relativos e às preferências contraditórias entre a teoria original e a teoria revista (Corr, 2008). Este facto contribuiu para a heterogeneidade das medidas utilizadas e, provavelmente, para os resultados díspares obtidos nos estudos. Assim, a TRS necessita de resultados robustos e replicáveis que utilizem medidas padronizadas.

Outra questão a considerar é o âmbito da teoria. A RST pretende fornecer uma explicação geral para

41

toda a gama de fenómenos da personalidade, o que pode ser demasiado amplo e ambicioso. Embora a RST forneça uma visão sobre alguns dos processos fundamentais associados à emoção, ao comportamento e à personalidade, não fornece uma explicação completa. Por outro lado, tem sido criticada por ser demasiado restrita. Por exemplo, uma crítica que tem sido levantada é que, embora a teoria se esforce por explicar as diferenças de personalidade, parece centrar-se na biologia, excluindo outros factores. Uma limitação correspondente é a concetualização exclusivamente descendente da teoria, em que se pensa que as diferenças na sensibilidade dos sistemas de excitação corticais conduzem e controlam a produção comportamental. A teoria carece de especificação dos processos que podem funcionar de forma dupla ou paralela aos construtos biológicos e influenciar simultaneamente o comportamento. Também não abrange os processos bidireccionais que podem retroalimentar esses sistemas, influenciando assim a neurologia e a fisiologia do organismo de uma forma ascendente.

Por exemplo, a teoria não considera adequadamente o papel dos processos cognitivos (Matthews, 2000). Infelizmente, isto propaga conceptualizações dualistas da separação entre constructos biológicos e cognitivos. Os processos cognitivos que parecem mediar muitas das influências dos traços na emoção e no comportamento são inadequadamente considerados nas teorias biológicas. Por exemplo, visões mais recentes defendem a proeminência do processamento de informação simbólica em oposição ao comportamento que é diretamente controlado pelo nível de ativação dos sistemas neurais (Matthews & Gililand, 2001).

Assim, a medição paralela a vários níveis (por exemplo, cognitivo, neural) ajudaria a compreender melhor o funcionamento destes processos.

Para além disso, será importante, em trabalhos futuros, continuar a explorar a forma como a variabilidade na sensibilidade dos sistemas cerebrais se relaciona com o coping e a escolha adaptativa. Este estudo tentou examinar a sensibilidade à punição (inibição comportamental) em relação a formas de coping evitante (utilização de substâncias para gerir emoções negativas) e encontrou uma associação não significativa. No entanto, esta descoberta pode ter sido influenciada por problemas de medição no estudo atual e tem havido apoio para esta noção em pesquisas anteriores (Hasking, 2006), incluindo estudos mais recentes (por exemplo, Hundt, Williams, Mendelson, & Nelson-Gray, 2013). Seria útil para a investigação futura continuar a explorar a forma como a sensibilidade nos sistemas cerebrais se relaciona com tentativas activas de autorregulação e modulação intencional das exigências da vida real (Matthews & Zeidner, 2004). De um modo geral, é necessário um maior desenvolvimento e investigação.

A perseverança das respostas como moderador. A constatação de que, nas pessoas com respostas perseverantes mais elevadas, a relação entre a utilização de produtos alimentares para lidar com a situação e os problemas relacionados com os mesmos é atenuada e o nível global de problemas relacionados com os produtos alimentares relatados é significativamente mais baixo (em comparação com as pessoas abaixo do limiar das respostas perseverantes) foi inesperada. Inicialmente, foi proposto que a persistência do uso de AOD apesar da ocorrência de problemas (por exemplo, entrar em brigas, negligenciar responsabilidades) estava relacionada a processos de aprendizagem prejudicados, de modo que aqueles com altos níveis de perseveração podem experimentar capacidade limitada para utilizar o feedback e envolver respostas comportamentais alternativas ou mecanismos de enfrentamento (por exemplo, Bishara et al., 2010). Isso levaria à persistência do comportamento de uso de AOD, apesar de acumular consequências aversivas, como refletido em um maior nível de problemas gerais relacionados com AOD. No entanto, os resultados actuais indicam que as pessoas com um nível mais elevado de perseveração relatam menos problemas relacionados com o consumo de AOD. Uma explicação plausível para esta constatação é que os indivíduos com níveis mais elevados de perseveração subnotificam os problemas associados à sua utilização de produtos alimentares e a continuação do comportamento pode, de facto, estar relacionada com a incapacidade de reconhecer o comportamento como problemático.

A discrepância entre o comportamento e a autoavaliação dos consumidores de AOD há muito que é reconhecida de várias formas. Por exemplo, os indivíduos dependentes de substâncias subestimam frequentemente as suas taxas de consumo e apenas uma pequena percentagem procura tratamento, o que sugere que muito poucos utilizadores definem o seu consumo como problemático. De acordo com o U.S. Department of Health and Human Services (2010), apenas 5% dos indivíduos que preenchem os critérios para uma perturbação por consumo de substâncias referiram uma necessidade sentida de tratamento. Muitos indivíduos toxicodependentes subestimam o impacto que o seu consumo tem na sua saúde e em vários domínios da vida, o que o DSM enfatiza no critério de diagnóstico: "uso continuado apesar das consequências". Este critério realça a natureza cada vez mais compulsiva do consumo na transição para a dependência. Do mesmo modo, muitos indivíduos sobrestimam o controlo que têm sobre o seu comportamento de consumo de substâncias, incluindo a sua capacidade de deixar de fumar, o que demonstra a incapacidade de reconhecer a gravidade da doença (Rinn Desai, Rosenblatt, & Gastftiend, 2002).

Historicamente, a discrepância entre o comportamento e o auto-relato em indivíduos toxicodependentes era frequentemente referida como "negação". O objetivo deste suposto mecanismo de defesa era proteger o indivíduo da verdade ameaçadora para o ego dos problemas relacionados com a toxicodependência, que se manifestava numa má interpretação inconsciente dos factos para evitar a ansiedade (Rinn, Desai, Rosenblatt, & Gastftiend, 2002). No entanto, investigações recentes fornecem um contexto para compreender melhor este fenómeno como autoconsciência comprometida, em que a relação entre o insight e a seleção de respostas é descrita e fundamentada em termos de uma disfunção neurológica subjacente. Embora não se saiba necessariamente como ocorrem os danos nos circuitos neuronais, os défices no controlo cognitivo e na consciência interoceptiva são factores propostos para a manutenção do consumo de substâncias psicoactivas (Hester, Nestor, & Garavan, 2009).

Este défice de perceção foi diretamente testado por Moeller e colegas (2010) num estudo que avaliou a correspondência entre o comportamento de escolha objetiva e a preferência auto-relatada pela visualização de imagens em consumidores de cocaína. Em comparação com os controlos saudáveis, os consumidores de cocaína escolhiam mais frequentemente imagens relacionadas com a cocaína e demonstravam uma perceção deficiente das suas escolhas comportamentais (baixa correspondência entre a escolha objetiva de visualização e o auto-relato). O estudo também investigou a relação entre o discernimento e o consumo efetivo de cocaína e concluiu que o discernimento deficiente estava associado a um consumo efetivo de cocaína mais grave. Estes autores previram o papel da ínsula anterior e da ACC, embora a base neural efectiva destes resultados ainda não tenha sido confirmada.

Outro estudo realizado por Hester e colegas (2009) revelou que os consumidores de marijuana demonstram uma menor consciência dos erros no desempenho de tarefas, em comparação com um grupo de controlo, o que está associado à hipoactivação do cíngulo anterior e da ínsula. Além disso, vários estudos demonstraram uma ligação entre a disfunção do córtex pré-frontal e os défices na cognição social em indivíduos dependentes de álcool, em que o álcool reduz a autoavaliação negativa, contribuindo assim para a diminuição da congruência entre o comportamento e as normas internas de comportamento (Hull & Young, 1983; Hull et al., 1986; Uekermann & Daum, 2008). É provável que estas deficiências de auto-consciência e de cognição social se sobreponham à incapacidade de reconhecer a gravidade da doença, incluindo a forma como o consumo de um indivíduo afecta a sua vida e a necessidade de tratamento.

Tais défices na autoconsciência e na cognição social estão principalmente associados ao córtex pré-frontal (CPF), ao córtex cingulado anterior (ACC) e à ínsula, que são áreas críticas para o processamento de erros e a monitorização comportamental (Goldstein et al., 2009; Hester et al., 2009; Moeller et al., 2010). Estes processos e áreas neurológicas coincidem com os que estão implicados na perseveração (ver Bishara et al., 2010; Dolan, Bechara, & Nathan, 2008). A capacidade de mudar de conjunto baseia-se na atenção ao eu e no feedback de erro para inibir respostas antigas a favor de novas respostas, impulsionadas por um circuito neural com origem no CPF e que se projecta para o ACC (Bishara et al., 2010). É provável que a modificação destas áreas através do consumo crónico de AOD (em conjunto com vulnerabilidades pré-existentes) impeça o reconhecimento e a substituição consciente de padrões de resposta estabelecidos (como o uso de AOD para lidar com o sofrimento emocional) por novas respostas (como competências alternativas para lidar com a situação), perpetuando assim o comportamento. Outra forma de descrever este fenómeno é o facto de o comportamento de consumo de AOD passar das regiões corticais pré-frontais para as regiões corticais estriatais, resultando em comportamentos orientados por processos que operam em grande parte fora da consciência (Everitt et al., 2008). Assim, a presença de níveis elevados de perseveração alertou-nos para a possibilidade de insight prejudicado, o que provavelmente resultou nos resultados paradoxais do presente estudo, em que os indivíduos com maior perseveração referiram menos problemas relacionados com o consumo de substâncias psicoactivas. É provável que estes indivíduos não tenham visto os acontecimentos como problemas e/ou não tenham visto os acontecimentos como estando relacionados com o seu consumo de AODs.

Implicações

Atualmente, a literatura neste domínio é bastante reduzida. Os papéis exactos das áreas envolvidas ainda não foram elucidados e as bases neurais ainda não foram confirmadas. No entanto, a investigação demonstrou deficiências significativas no funcionamento executivo dos utilizadores de várias substâncias. Utilizando esta base, podemos começar a desvendar a forma como as deficiências, como o comprometimento do discernimento, podem funcionar para perpetuar o comportamento aditivo, o que tem implicações importantes para o tratamento. Dada a falta de reconhecimento, abordar esses indivíduos com intervenções orientadas para a ação pode ser ineficaz ou temporário. Em contrapartida, as abordagens centradas nos défices de reconhecimento do problema serão provavelmente mais bem sucedidas. Por exemplo, a consciencialização é considerada um processo de mudança e, tal como definido por Prochaska, DiClemente e Norcross (1992), envolve o aumento da informação sobre o eu e o problema através de observações, confrontos e interpretações. Outras abordagens que utilizam o feedback e procuram aumentar a motivação, como a Entrevista Motivacional (IM), podem igualmente ser benéficas. O feedback é uma estratégia eficaz para desafiar a perceção de risco imprecisa do comportamento atual, a perceção imprecisa das normas e para realçar a ligação entre o comportamento e as consequências ou deficiências que ocorrem (McNally, Palfai, & Kahler, 2005; Miller & Rollnick, 2002). Isto torna-o um método útil para melhorar o reconhecimento do problema e facilitar a disponibilidade para a mudança.

Além disso, Goldstein e colegas (2009) sugerem que as estratégias cognitivo-comportamentais orientadas para o insight podem ser melhoradas quando precedidas de treino cognitivo, especificamente treino de controlo atencional e inibitório, para melhorar a retenção e os resultados do tratamento.

Limitações

Embora os resultados do presente estudo tenham apoiado parcialmente as minhas hipóteses de estudo, devem ser consideradas várias limitações na interpretação dos meus resultados. Em primeiro lugar, o estudo consistiu num desenho transversal. Assim, os resultados do meu estudo só podem ser interpretados a partir de um ponto de tempo na idade adulta e de um ponto de tempo no processo de toxicodependência (após o início do consumo de alto risco de AOD), em oposição a inferências sobre o desenvolvimento do ciclo de vida e da perturbação. Tal como referido na introdução, não conseguimos distinguir a causalidade nem separar o papel das deficiências do funcionamento executivo como antecedentes ou consequências do consumo de AOD.

Uma segunda limitação do meu estudo foi a falta de medição da quantidade de AOD e dados de frequência. Embora a decisão inicial de medir os problemas relacionados com as DAO tenha sido deliberada (esta variável demonstrou uma maior validade e fiabilidade em relação às medidas de quantidade e frequência), a inclusão de dados sobre os padrões de consumo reais teria proporcionado uma forma de apoiar ainda mais a conclusão provisória de que a relação entre a perseveração elevada e os problemas reduzidos se deve principalmente à falta de reconhecimento dos problemas. Especificamente, a demonstração de elevados níveis de consumo de substâncias por parte do grupo com elevada perseveração e baixos problemas relacionados com o consumo de substâncias alimentares aumentaria a confiança relativamente a esta especulação. Se, por outro lado, esses indivíduos demonstrassem padrões de consumo inferiores aos dos seus homólogos, isso sugeriria uma conclusão alternativa. Além disso, a informação relativa aos padrões de consumo teria proporcionado comparações potencialmente benéficas entre indivíduos com níveis baixos, médios e elevados de inibição comportamental, para confirmar a postulação de que os indivíduos com inibição comportamental baixa e elevada relatam problemas reduzidos, em parte porque consomem menos AOD.

Uma terceira limitação foi o facto de o RAPI (White & Labouvie, 1989) ter sido utilizado para todos os participantes do estudo sem controlo da idade dos participantes. A população-alvo identificada para o RAPI é constituída por adolescentes e adultos. Embora tenha sido utilizado e validado em amostras de adolescentes e universitários, há uma escassez de estudos de validação para utilização em populações de adultos não universitários. Embora a maioria dos indivíduos da amostra fossem jovens adultos, houve 33 adultos com mais de 25 anos que tomaram a medida, o que pode constituir uma limitação do estudo. Além disso, a medida inclui um item sobre o desempenho escolar que pode não ter sido relevante para os adultos que não frequentam atualmente a escola.

No entanto, a maioria dos participantes identificou-se como estudantes universitários (94%). Este facto constituiu, por si só, uma limitação relativamente às caraterísticas da amostra. Apesar das tentativas para atingir proporções relativamente iguais de estudantes universitários e de indivíduos que se apresentam em instalações de tratamento da toxicodependência/álcool, a maioria dos

46

participantes eram estudantes universitários. Uma possível explicação para este nível de participação é o facto de os indivíduos que se apresentam em instalações de tratamento da toxicodependência/alcoolismo terem métodos de recrutamento menos visíveis (panfletos em comparação com apresentações presenciais) e potencialmente menos acesso a computadores, o que era necessário para concluir o estudo. Assim, estes resultados podem não se generalizar a populações clínicas de consumidores de substâncias que se apresentam em instalações de tratamento de drogas/álcool.

No entanto, a utilização do rastreio de elegibilidade assegurou que os participantes eram iguais em relação ao estado de risco de consumo de AOD, independentemente do local de recrutamento.

Embora o meu estudo tenha tentado limitar as influências de terceiras variáveis, controlando a idade, o sexo e o estado de tratamento, houve variáveis importantes que este estudo não abordou, incluindo a capacidade cognitiva e o nível de educação. Também é importante o facto de este estudo não ter analisado a influência de outras potenciais comorbilidades, como a ansiedade e a depressão.

Conclusão e direcções futuras

Apesar das limitações acima mencionadas, este estudo contribuiu para a literatura de várias maneiras. Embora a inibição comportamental não tenha sido associada a uma via de afeto negativo para o consumo de álcool, foi revelada uma relação curvilínea entre a inibição comportamental e os resultados relacionados com as bebidas alcoólicas. Este estudo contribui de forma inovadora para a nossa compreensão da relação, fornecendo uma imagem mais completa de quem pode estar em maior risco de problemas relacionados com o consumo de bebidas alcoólicas, incluindo perturbações relacionadas com o consumo de substâncias. Estudos futuros poderão examinar quais os modelos que demonstram o papel da inibição comportamental como fator de proteção. Especificamente nos casos de níveis baixos e elevados de inibição comportamental, seria útil identificar quais as variáveis moderadoras que contribuem para uma função protetora (por exemplo, resiliência, fortes capacidades de resposta, introversão social). Da mesma forma, seria útil examinar que variáveis contribuem para o risco em níveis moderados de inibição comportamental.

Além disso, o presente estudo contribui para a nossa compreensão do modo como os défices do funcionamento executivo (ou seja, a perseveração da resposta) se relacionam com a perceção prejudicada e do modo como isto funciona no consumo problemático de substâncias. A utilização de uma medida comportamental direta (WCST) conduziu a uma associação paradoxal entre a perseveração da resposta e o nível de problemas relacionados com o consumo de drogas ilícitas experimentados por consumidores de substâncias de alto risco.

São feitas sugestões sobre a forma como este facto pode influenciar a prontidão para o tratamento e a assimilação do tratamento. Especificamente, os indivíduos dependentes de AOD podem demonstrar défices no reconhecimento de problemas, pelo que as intervenções destinadas a melhorar a autoconsciência e a perceção são susceptíveis de incentivar a procura de tratamento e melhorar os resultados do tratamento. A investigação futura seria melhorada com a utilização de um desenho longitudinal, de modo a que o funcionamento executivo pudesse ser medido antes do início do consumo de AOD (para controlar os níveis de funcionamento pré-mórbido e isolar os factores de risco) e após o início do consumo de substâncias para examinar as sequelas do consumo ao longo do tempo. Além disso, a utilização da neuroimagem funcional poderia fornecer provas empíricas da base neural das deficiências propostas. Esta informação, em conjunto, poderia ser utilizada para melhorar os resultados do tratamento das perturbações relacionadas com o consumo de substâncias psicoactivas. Além disso, as medidas do nível de perceção, para além da observação comportamental direta, permitiriam esclarecer melhor a discrepância entre a consciência e o desempenho real.

Referências

Abbey, A., Smith, M. J., & Scott, R. O. (1993). The relationship between reasons for drinking alcohol and alcohol consumption: An interactional approach. Addictive Behaviors, 18(6), 659-670. doi:10.1016/0306-4603(93)90019-6

Aguinis, H. (2004). Regression analysis for categorical moderators (Análise de regressão para moderadores categóricos). Nova Iorque, NY: Guilford Press.

Aguinis, H., & Harden, E. E. (2009). Regras de cálculo da dimensão da amostra: Avaliação de três práticas comuns. Em C. E. Lance, R. J. Vandenberg, C. E. Lance, R. J. Vandenberg (Eds.), Statistical and methodological myths and urban legends: Doctrine, verity and fable in the organizational and social sciences (pp. 267-360). Nova Iorque, NY, EUA: Routledge/Taylor & Francis Group.

Allen, J. P., & Wilson, V. B. (Eds.). (2003). Assessing Alcohol Problems: A Guide for Clinicians and Researchers, (2ª ed.). Bethesda, MD: Instituto Nacional de Abuso de Álcool e Alcoolismo. Recuperado em 6 de julho de 2013, de http://pubs.niaaa.nih.gov/publications/AssessingAlcohol/index.htm.

Associação Americana de Psicologia. (2000). Manual de diagnóstico e estatística das perturbações mentais (4ª ed., texto rev.). Washington, DC: Autor.

Anderson, K. G., Smith, G. T., & Fischer, S. F. (2002). Women and acquired preparedness: Personality and learning implications for alcohol use. Journal of Studies on Alcohol, 64, 384-392.

Baer, J. S. (2002). Student factors: Understanding individual variation in college drinking. Journal of Studies on Alcohol, 14, 40-53.

Baer, J. S., Kivlahan, D. R., Blume, A. W., McKnight, P., & Marlatt, G. (2001). Brief intervention for heavy-drinking college students: 4-year follow-up and natural history. American Journal of Public Health, 91(8), 1310-1316.

doi:10.2105/AJPH.91.8.1310

Ball, S. A. (2005). Traços de personalidade, problemas e perturbações: Clinical applications to substance use disorders. Journal Of Research In Personality, 39(1), 84-102. doi:10.1016/j.jrp.2004.09.008

Barlow, D. H., (2008). Manual clínico das perturbações psicológicas (2008). (Quarta ed.). New York: The Guilford Press.

Barkley, R. A. (2011). Défices de Barkley na escala de funcionamento executivo (BDEFS). Nova Iorque, NY, EUA: Guilford Press.

Bechara, A., & Damasio, H. (2002). Tomada de decisão e dependência (parte I): Ativação prejudicada de estados somáticos em indivíduos dependentes de substâncias quando ponderam decisões com consequências futuras negativas. Neuropsychologia, 40(10), 16751689. doi:10.1016/S0028-3932(02)00015-5

Berg, E. A. (1948). Uma técnica objetiva simples para medir a flexibilidade do pensamento. Journal of General Psychology, 39, 15-22.

Bishara, A. J., Kruschke, J. K., Stout, J. C., Bechara, A., McCabe, D. P., & Busemeyer, J. R. (2010). Modelos de aprendizagem sequencial para a tarefa de ordenação de cartões de Wisconsin: Avaliação de processos em indivíduos dependentes de substâncias. Journal of Mathematical Psychology, 54(1), 5-13. doi:10.1016/j.jmp.2008.10.002

Bonn-Miller M.O., Vujanovic A.A., & Zvolensky M.J. (2008). Desregulação emocional: Associação com motivos de uso de maconha orientados para o enfrentamento entre os usuários atuais de maconha. Substance Use & Misuse, 43, 1653-65.

Britton, P. C. (2004). The relation of coping strategies to alcohol consumption and alcohol-related consequences in a college sample. Addiction Research and Theory, 12, 103-114.

Carrigan, M. H., & Randall, C. L. (2003). Self-medication in social phobia: A review of the alcohol literature. Addictive Behaviors, 28, 269-284.

Carver, C. S., & White, T. L. (1994). Inibição comportamental, ativação comportamental e respostas afectivas a recompensas e castigos iminentes: The BIS/BAS Scales. Journal of Personality and Social Psychology, 67(2), 319-333. doi:10.1037/0022- 3514.67.2.319

Colder, C. R. (2001). Life stress, physiological and subjective indexes of negative emotionality, and coping reasons for drinking: Existe evidência para um modelo de automedicação do consumo de álcool? Psychology of Addictive Behaviors, 15(3), 237-245. doi:10.1037/0893-164X.15.3.237

Cooper, M. (1994). Motivações para o consumo de álcool entre adolescentes: Desenvolvimento e validação de um modelo de quatro factores. Psychological Assessment, 6(2), 117-128. doi:1037/1040-3590.6.2.117

Cooper, A. J., Perkins, A. M., & Corr, P. J. (2007). A confirmatory fator analytic study of anxiety, fear, and behavioral inhibition system measures. Journal of Individual Differences, 28(4), 179-187. doi:10.1027/1614-0001.28.4.179

Cooper, M. L., Frone, M. R., Russell, M., & Mudar, P. (1995). Beber para regular emoções positivas e negativas: A motivational model of alcohol use. Journal of Personality and Social Psychology, 69, 990-1005.

Cooper, M., Russell, M., Skinner, J. B., & Windle, M. (1992). Development and validation of a three-dimensional measure of drinking motives. Psychological Assessment, 4(2), 123-132. doi:1037/1040-3590.4.2.123

Corr, P. J. (2002). A teoria da sensibilidade ao reforço de J. A. Gray: Testes da hipótese dos subsistemas conjuntos de ansiedade e impulsividade. Personality and Individual Differences, 33(4), 511-532. doi:10.1016/S0191-8869(01)00170-2

Corr, P. (Ed.). (2008). A teoria da sensibilidade ao reforço da personalidade. Nova Iorque, NY, EUA: Cambridge University Press.

Corr, P. J. (2010). O continuum psicótico-psicopatia: Um modelo neuropsicológico de défices nucleares. Personality and Individual Differences, 48(6), 695-703. doi:10.1016/j.paid.2009.12.023

Dawe, S., Gullo, M. J., & Loxton, N. J. (2004). Reward drive and rash impulsiveness as dimensions of impulsivity: Implications for substance misuse. Addictive Behaviors, 29(7), 1389-1405. doi:10.1016/j.addbeh.2004.06.004

Depue, R. A., & Iacono, W. G. (1989). Aspectos neurocomportamentais das perturbações afectivas. Annual Review of Psychology, 40, 457-492.

doi:10.1146/annurev.ps.40.020189.002325

Dick, D. M., Aliev, F., Viken, R., Kaprio, J., & Rose, R. J. (2011). As pontuações do Rutgers Alcohol Problem Index aos 18 anos prevêem diagnósticos de dependência de álcool 7 anos depois. Alcoholism: Clinical and Experimental Research, 35(5), 1011-1014. doi:10.1111/j.1530-0277.2010.01432.x

Dolan, S. L., Bechara, A., & Nathan, P. E. (2008). A disfunção executiva como um marcador de risco para o abuso de substâncias: The role of impulsive personality traits. Behavioral Sciences and the Law, 26(6), 799-822. doi:10.1002/bsl.845

Everitt, B., Belin, D., Economidou, D., Pelloux, Dalley, J., Robbins, T. (2008). Neural mechanisms underlying the vulnerability to develop compulsive drug-seeking habits and addiction. Biological Science, 363, 3125-35.

Fals-Stewart, W., & Bates, M. E. (2003). O desempenho em testes neuropsicológicos de pacientes que consomem drogas: Um exame das capacidades cognitivas latentes e dos factores de risco associados. Experimental and Clinical Psychopharmacology, 11(1), 34-45. doi:10.1037/1064-1297.11.1.34

Faul, F., Erdfelder, E., Buchner, A., & Lang, A.-G. (2009). Statistical power analyses using G*Power 3.1: Tests for correlation and regression analyses. Behavior Research Methods, 41, 1149-1160.

Faul, F., Erdfelder, E., Lang, A.-G., & Buchner, A. (2007). G*Power 3: Um programa flexível de análise do poder estatístico para as ciências sociais, comportamentais e biomédicas. Behavior Research Methods, 39, 175-191.

Fernàndez-Serrano, M., Pérez-Garcia, M., Rio-Valle, J., & Verdejo-Garcia, A. (2010). Consequências neuropsicológicas do abuso de álcool e drogas em diferentes componentes das funções executivas. Journal of Psychopharmacology, 24(9), 1317-1332. doi:10.1177/0269881109349841

Fishburne, J. W., & Brown, J. M. (2006). How do college students estimate their drinking? comparing consumption patterns among quantity-frequency, graduated frequency, and timeline follow-back methods. Journal of Alcohol and Drug Education, 50(1), 15-33.

Fisk, J. E., & Sharp, C. A. (2004). Prejuízo relacionado com a idade no funcionamento executivo: Atualização, Inibição, Deslocação e Acesso. Journal of Clinical and Experimental Neuropsychology, 26(7), 874-890. doi:10.1080/13803390490510680

Fowles, D. C. (1987). Aplicação de uma teoria comportamental da motivação aos conceitos de ansiedade e impulsividade. Journal of Research in Personality, 21(4), 417-435. doi:10.1016/0092-6566(87)90030-4

Franken, I. A., & Muris, P. (2006). BIS/BAS personality characteristics and college students' substance use. Personality and Individual Differences, 40, 1497-1503.

Franken, I. A., Muris, P., & Rassin, E. (2005). Propriedades psicométricas das escalas holandesas BIS/BAS. Journal of Psychopathology and Behavioral Assessment, 27(1), 25-30. doi:10.1007/s10862-005-3262-2

Garavan, H., Ross, T. J., Li, S. J., & Stein, E. A. (2000). Uma manipulação paramétrica do funcionamento executivo central. Cerebral Cortex, 10(6), 585-592. doi:10.1093/cercor/10.6.585

Ginzler, J. A., Garrett, S. B., Baer, J. S., & Peterson, P. L. (2007). Medição das consequências negativas do uso de substâncias em jovens de rua: Um uso alargado do Rutgers Alcohol Problem Index. Addictive Behaviors, 32(7), 1519-1525. doi:10.1016/j.addbeh.2006.11.004

Girela, E. E., Villanueva, E. E., Hernandez-Cueto, C. C., & Luna, J. D. (1994). Comparação do questionário CAGE com alguns marcadores bioquímicos no diagnóstico do alcoolismo. Alcohol and Alcoholism, 29(3), 337-343.

Goldstein, R. Z., Craig, A., Bechara, A., Garavan, H., Childress, A., Paulus, M. P., & Volkow, N. D. (2009). O neurocircuito do insight prejudicado na dependência de drogas. Tendências em Ciências Cognitivas, 13(9), 372-380. doi:10.1016/j.tics.2009.06.004

Goldstein, A. L., & Flett, G. L. (2009). Personalidade, uso de álcool e motivos para beber: Uma comparação de grupos independentes e combinados de motivos internos para beber. Behavior Modification, 33, 182-98.

Goldstein, R. Z., & Volkow, N. D. (2002). A toxicodependência e a sua base neurobiológica subjacente: Evidências de neuroimagem para o envolvimento do córtex frontal. The American Journal of Psychiatry, 159(10), 1642-1652.

doi:10.1176/appi.ajp.159.10.1642

Grant, D. A., & Berg, E. (1948). A behavioral analysis of degree of reinforcement and ease of shifting to new responses in a Weigl-type card-sorting problem. Journal of Experimental Psychology, 38(4), 404-411. doi:10.1037/h0059831

Gray, J. A. (1982). A neuropsicologia da ansiedade: An inquiry into the functions of the septo-hippocampal system. New York: Oxford University Press.

Gray, J. (1987). The psychology of fear and stress (2ª ed.). Nova Iorque, NY, EUA: Cambridge University Press.

Gray, J. A. (1991). Neural systems, emotion, and personality. Em J. Madden, IV (Ed.), Neurobiology of learning, emotion, and affect. New York: Raven Press.

Gray, J. A., & McNaughton, N. (2000). A neuropsicologia da ansiedade: Uma investigação sobre As funções do sistema septo-hipocampal (2.ª ed.). Nova Iorque: Oxford University Press.

Greve, K. W., Stickle, T. R., Love, J. M., Bianchini, K. J., & Stanford, M. S. (2005). Estrutura latente do Wisconsin Card Sorting Test: A confirmatory fator analytic study. Archives of Clinical Neuropsychology, 20(3), 355-364. doi:10.1016/j.acn.2004.09.004

Ham, L. S., & Hope, D. A. (2003). College students and problematic drinking: A review of the literature. Clinical Psychology Review, 23(5), 719-759. doi:10.1016/S0272- 7358(03)00071-0

Hasking, P. A. (2006). Reinforcement sensitivity, coping, disordered eating and drinking behaviour in adolescents. Personality & Individual Differences, 40(4), 677-688. doi:10.1016/j.paid.2005.07.017

Hasking, P. A., & Oei, T. (2004). A complexidade do consumo de álcool: Interações entre os determinantes cognitivos e comportamentais do consumo de álcool. Addiction Research & Theory, 12(5), 469-488. doi:10.1080/16066350410001713240

Heaton, S. K., Chelune, G. J., Talley, J. L., Kay, G. G., & Curtis, G. (1993). Wisconsin Card Sorting Test Manual: Revisto e alargado. Odessa, Florida: Psychological Assessment Resources, Inc.

Hester, R., Nestor, L., & Garavan, H. (2009). Consciência de erro prejudicada e hipoatividade do córtex cingulado anterior em usuários crônicos de cannabis.

Neuropsychopharmacology, 34(11), 2450-2458. doi:10.1038/npp.2009.67

Hinkin, C. H., Castellon, S. A., Dickson-Fuhrman, E., Daum, G., Jaffe, J., & Jarvik, L. (2001). Screening for drug and alcohol abuse among older adults using a modified version of the CAGE (Rastreio do abuso de drogas e álcool entre adultos mais velhos utilizando uma versão modificada do CAGE). The American Journal on Addictions, 10(4), 319326. doi:10.1080/aja.10.4.319.326

Hundt, N. E., Mitchell, J. T., Kimbrel, N. A., & Nelson-Gray, R. O. (2010). O efeito da inibição comportamental e da abordagem no funcionamento social normal. Individual Differences Research, 8(4), 246-256.

Ingram, F., Greve, K. W., Fishel Ingram, P. T., & Soukup, V. M. (1999). Estabilidade temporal do Wisconsin Card Sorting Test numa amostra de pacientes não tratados. British Journal of Clinical Psychology, 38(2), 209-211. doi:10.1348/014466599162764

Isaak, M. I., Perkins, D. R., & Labatut, T. R. (2011). Comportamento desregulado relacionado ao álcool entre bebedores universitários: Associações com comportamentos protetores, personalidade e motivos para beber. Journal Of American College Health, 59(4), 282288. doi:10.1080/07448481.2010.509379

Ivory, N. J., & Kambouropoulos, N. (2012). O enfrentamento medeia a relação entre a sensibilidade ao reforço revisado e o uso de álcool. Personalidade e diferenças individuais, doi:10.1016/j.paid.2012.01.013

Johnson, S. L., Turner, R., & Iwata, N. (2003). Níveis de BIS/BAS e distúrbios psiquiátricos: Um estudo epidemiológico. Journal of Psychopathology and Behavioral Assessment, 25(1), 25-36. doi:10.1023/A:1022247919288

Jorm, A. F., Christensen, H. H., Henderson, A. S., Jacomb, P. A., Korten, A. E., & Rodgers, B. B. (1999). Utilização das escalas BIS/BAS para medir a inibição comportamental e a ativação comportamental: Estrutura dos factores, validade e normas numa amostra de uma grande comunidade. Personality and Individual Differences, 26(1), 49-58. doi:10.1016/S0191-8869(98)00143-3

Kane, T. A., Loxton, N. J., Staiger, P. K., & Dawe, S. (2004). Does the tendency to act impulsively underlie binge eating and alcohol use problems? An empirical investigation. Personality and Individual Differences, 36(1), 83-94. doi:10.1016/S0191-8869(03)00070-9

Kimbrel, N. A., Nelson-Gray, R. O., & Mitchell, J. T. (2007). A sensibilidade ao reforço e o estilo materno como preditores de psicopatologia. Personality and Individual Differences, 42(6), 1139-

1149. doi:10.1016/j.paid.2006.06.028

King, G., Alicata, D., Cloak, C., & Chang, L. (2010). Défices neuropsicológicos em adolescentes consumidores de metanfetaminas. Psychopharmacology, 212(2), 243-249. doi:10.1007/s00213-010-1949-x

Knyazev, G. G., Slobodskaya, H. R., & Wilson, G. D. (2004). Comparação da validade de construção do Questionário de Personalidade de Gray-Wilson e das escalas BIS/BAS. Personality and Individual Differences, 37(8), 1565-1582.

doi:10.1016/j.paid.2004.02.013

Kohli, A., & Kaur, M. (2006). Wisconsin Card Sorting Test: Normative data and experience. Indian Journal of Psychiatry, 48(3), 181-184. doi:10.4103/0019- 5545.31582.

Kuntsche, E., Knibbe, R., Gmel, G., & Engels, R. (2005). Porque é que os jovens bebem? A review of drinking motives. Clinical Psychology Review, 25, 841.

Kuntsche, E., Stewart, S. H., & Cooper, M. (2008). Quão estável é a ligação entre o motivo e o consumo de álcool? A cross-national validation of the Drinking Motives Questionnaire Revised among adolescents from Switzerland, Canada, and the United States. Journal of Studies On Alcohol And Drugs, 69(3), 388-396.

LaBrie, J. W., Hummer, J. F., & Pedersen, E. R. (2007). Razões para beber no contexto de estudantes universitários: The differential role and risk of the social motivator. Journal of Studies On Alcohol And Drugs, 68(3), 393-398.

Lane, S. D., Cherek, D. R., Tcheremissine, O. V., Steinberg, J. L., & Sharon, J. L. (2007). Response perseveration and adaptation in heavy marijuana-smoking adolescents. Addictive Behaviors, 32(5), 977-990.

doi:10.1016/j.addbeh.2006.07.007

Lee, C. M., Neighbors, C., Hendershot, C. S., & Grossbard, J. R. (2009). Desenvolvimento e validação preliminar de um questionário abrangente sobre os motivos da marijuana. Journal of Studies On Alcohol And Drugs, 70(2), 279-287.

Leeman, R. F., & Potenza, M. N. (2012). Semelhanças e diferenças entre o jogo patológico e os transtornos por uso de substâncias: Um foco na impulsividade e compulsividade. Psychopharmacology, 219(2), 469-490. doi:10.1007/s00213-011- 2550-7

Leonardson, G. R., Kemper, E., Ness, F. K., Koplin, B. A., Daniels, M. C., & Leonardson, G. A. (2005). Validade e fiabilidade do AUDIT e do CAGE-AID nos índios americanos das planícies do Norte. Psychological Reports, 97(1), 161-166. doi:10.2466/PR0.97.5.161-166

Li, Y., Zhang, Y., Jiang, Y., Li, H., Mi, S., Yi, G., Gu, H., & Jiang, Y. (2008). A versão chinesa da Escala BIS/BAS: Fiabilidade e validade. Chinese Mental Health Journal, 22(8), 613-616.

Loxton, N. J., & Dawe, S. (2001). Abuso de álcool e alimentação disfuncional em raparigas adolescentes: The influence of individual differences in sensitivity to reward and punishment. International Journal of Eating Disorders, 29(4), 455-462. doi:10.1002/eat.1042

Loxton, N. J., & Dawe, S. (2007). Como é que as mulheres que comem de forma disfuncional e bebem de forma perigosa se comportam em relação às medidas comportamentais de sensibilidade à recompensa e à punição? Personality and Individual Differences, 42(6), 1163-1172.

doi:10.1016/j.paid.2006.09.031

Lubman, D. I., Yücel, M., & Pantelis, C. (2004). Adicção, uma condição de comportamento compulsivo? Neuroimaging and neuropsychological evidence of inhibitory dysregulation. Addiction, 99(12), 1491-1502. doi:10.1111/j.1360- 0443.2004.00808.x

MacLean, M. G., & Lecci, L. (2000). A comparison of models of drinking motives in a university sample (Uma comparação de modelos de motivos para beber numa amostra universitária). Psychology of Addictive Behaviors, 14(1), 83-87.

doi:10.1037/0893-164X.14.1.83

Marlatt, G., Baer, J. S., Kivlahan, D. R., Dimeff, L. A., Larimer, M. E., Quigley, L. A., & ... Williams, E. (1998). Rastreio e intervenção breve para estudantes universitários bebedores de alto risco: Resultados de uma avaliação de acompanhamento de 2 anos. Journal of Consulting and Clinical Psychology, 66(4), 604-615. doi:10.1037/0022- 006X.66.4.604

Marlatt, A., & Donovan, D. (2007). Prevenção de recaídas: Estratégias de manutenção no tratamento de comportamentos aditivos. New York: The Guilford Press.

Matthews, G. (2000). A cognitive science critique of biological theories of personality traits, History and Philosophy of Psychology, 2, 1-17.

Matthews, G., & Gilliland, K. (2001). Personalidade, biologia e ciência cognitiva: A reply to Corr (2001). Personality And Individual Differences, 30(2), 353-362. doi:10.1016/S0191-8869(00)00029-5

Matthews, G., & Zeidner, M. (2004). Traços, estados e a trilogia da mente: Uma perspetiva adaptativa do funcionamento intelectual. Em D. Dai, R. J. Sternberg (Eds.) , Motivation, emotion, and cognition: Perspectivas integrativas sobre o funcionamento e o desenvolvimento intelectual (pp. 143-174). Mahwah, NJ US: Lawrence Erlbaum Associates Publishers.

Mdege, N. D., & Lang, J. (2011). Instrumentos de rastreio para detetar o consumo/abuso de drogas ilícitas que possam ser úteis em enfermarias de hospitais gerais: A systematic review. Addictive Behaviors, 36(12), 1111-1119. doi:10.1016/j.addbeh.2011.07.007

Merikangas, K. R., Mehta, R. L., Molnar, B. E., Walters, E. E., Swendsen, J. D., Auilar-Gaziola, S., & ... Kessler, R. C. (1998). Comorbidade de transtornos por uso de substâncias com transtornos de humor e ansiedade: Results of the international consortium in psychiatric epidemiology. Addictive Behaviors, 23(6), 893-908.

doi:10.1016/S0306-4603(98)00076-8

Mezquita, L., Stewart, S. H., & Ruiperez, M. C. (2010). Os cinco grandes domínios da personalidade predizem motivos internos para beber em jovens adultos. Personality and Individual Differences, 49, 240-245.

Mitrushina, M. N., Boone, K. B., & D'Elia, L. F. (1999). Handbook of normative data for neuropsychological assessment (Manual de dados normativos para avaliação neuropsicológica). New York: Oxford University Press.

Miyake, A., Friedman, N. P., Emerson, M. J., Witzki, A. H., & Howerter, A. (2000). A unidade e a diversidade das funções executivas e os seus contributos para a

tarefas do "lobo frontal": Uma análise de variáveis latentes. Cognitive Psychology, 41(1), 49100. doi:10.1006/cogp.1999.0734

Moeller, S. J., Maloney, T., Parvaz, M. A., Alia-Klein, N., Woicik, P. A., Telang, F., & ... Goldstein, R. Z. (2010). Insight prejudicado na dependência de cocaína: Provas laboratoriais e efeitos no comportamento de procura de cocaína. Brain: A Journal of Neurology, 133(5), 1484-1493. doi:10.1093/brain/awq066

Noël, X., Bechara, A., Dan, B., Hanak, C., & Verbanck, P. (2007). O défice de inibição da resposta está envolvido na má tomada de decisões sob risco em indivíduos não amnésicos com alcoolismo. Neuropsychology, 21(6), 778-786. doi:10.1037/0894- 4105.21.6.778

O'Connor, R. M., & Colder, C. R. (2005). Predicting Alcohol Patterns in First-Year College Students Through Motivational Systems and Reasons for Drinking (Previsão de padrões de álcool em estudantes universitários do primeiro ano através de sistemas motivacionais e razões para beber). Psychology of Addictive Behaviors, 19(1), 10-20. doi:10.1037/0893-164X.19.1.10

O'Connor, R., Colder, C., & Hawk, L. (2002, abril). Sensitivity to punishment and reward, and college drinking: A comparison of typological and continuous approaches to alcohol use. Sessão de posters apresentada na Nona Reunião Bienal da Society for Research on Adolescence, Nova Orleães, LA.

O'Connor, R. M., Stewart, S. H., & Watt, M. C. (2009). Distinguir o risco de BAS para os comportamentos de beber, fumar e jogar dos estudantes universitários. Personality and Individual Differences, 46(4), 514-519. doi:10.1016/j.paid.2008.12.002

Parsons, O. A., Butters, N., & Nathan, P. E. (1987). Neuropsychologv of alcoholism implications for diagnosis and treatment. New York: Guilford.

Poon, E., Ellis, D. A., Fitzgerald, H. E., & Zucker, R. A. (2000). Intellectual, cognitive, and academic performance among sons of alcoholics during the early school years: Diferenças relacionadas com os subtipos de alcoolismo familiar. Alcoholism: Clinical and Experimental Research, 24(7), 1020-1027. doi:10.1111/j.1530- 0277.2000.tb04645.x

Preacher, K. J., Rucker, D. D., & Hayes, A. F. (2007). Abordagem de hipóteses de mediação moderada: Theory, methods, and prescriptions. Multivariate Behavioral Research, 42(1), 185-227.

Prochaska, J. O., DiClemente, C. C., & Norcross, J. C. (1992). Em busca de como as pessoas mudam: Applications to addictive behaviors. American Psychologist, 47(9), 11021114. doi:10.1037/0003-066X.47.9.1102

Quay, H. C. (1988). The behavioral reward and inhibition system in childhood behavior disorder. Em L. M. Bloomingdale (Ed.), Attention deficit disorder, Vol. 3: New research in attention, treatment, and psychopharmacology (pp. 176-186).

Elmsford, NY, EUA: Pergamon Press.

Read, J. P., Colder, C. R., Merrill, J. E., Ouimette, P., White, J., & Swartout, A. (2012). Trauma e sintomas de estresse pós-traumático predizem trajetórias de consequências de álcool e outras drogas no primeiro ano de faculdade. Journal of Consulting And Clinical Psychology, 80(3), 426-439. doi:10.1037/a0028210

Rehm, J. (2011). Os riscos associados ao consumo de álcool e ao alcoolismo. Alcohol Research & Health, 34(2), 135-143.

Rinn, W., Desai, N., Rosenblatt, H., & Gastfriend, D. R. (2002). Negação da dependência e disfunção cognitiva: Uma investigação preliminar. The Journal Of Neuropsychiatry And Clinical Neurosciences, 14(1), 52-57.

doi:10.1176/appi.neuropsych.14.1.52

Ruiz, M. A., Pincus, A. L., & Dickinson, K. A. (2003). NEO PI-R preditores de uso de álcool e problemas relacionados ao álcool. Journal of Personality Assessment, 81, 226236. doi:10.1207/S15327752JPA8103_05

Simons, J. S., & Arens, A. M. (2007). Moderating effects of sensitivity to punishment and sensitivity to reward on associations between marijuana effect expectancies and use. Psychology of Addictive

Behaviors, 21(3), 409-414. doi:10.1037/0893- 164X.21.3.409

Simons, J., Correia, C. J., Carey, K. B., & Borsari, B. E. (1998). Validating a five-fator marijuana motives measure: Relations with use, problems, and alcohol motives. Journal of Counseling Psychology, 45(3), 265-273. doi:10.1037/0022- 0167.45.3.265

Simons, J. S., Dvorak, R. D., & Batien, B. D. (2008). Consumo de metanfetaminas numa população universitária rural: Associações com o consumo de marijuana, sensibilidade ao castigo e sensibilidade à recompensa. Psychology of Addictive Behaviors, 22(3), 444-449. doi:10.1037/0893-164X.22.3.444

Smillie, L. D., Pickering, A. D., & Jackson, C. J. (2006). A nova teoria da sensibilidade ao reforço: implicações para a medição da personalidade. Personality and Social Psychology Review, 10(4), 320-335. doi:10.1207/s15327957pspr1004_3

Sobell, L. C., & Sobell, M. B., (1992). Seguimento da linha do tempo: Uma técnica para avaliar a auto

consumo de álcool comunicado. Em R.Z. Litten & J. Allen (Eds.), Measuring alcohol

consumo: Psychosocial and biological methods (pp. 41-72). Nova Jersey: Humana

Imprensa.

Sobell, L. C., & Sobell, M. B. (1995). Medidas de consumo de álcool. Em J. P. Allen & M.

Columbus (Ed.), Assessing alcohol problems: A guide for clinicians and researchers. (pp. 55-73). Rockville, MD: Instituto Nacional de Abuso de Álcool e Alcoolismo.

Tarter, R. E., Kirisci, L., Mezzich, A., Cornelius, J. R., Pajer, K., Vanyukov, M., Gardner, W., Blackson, T., Clark, D. (2003). Neurobehavioral disinhibition in childhood predicts early age at onset of substance use disorder. American Journal of Psychiatry, 160, 1078-1085

Thoemmes, F., MacKinnon, D. P., & Reiser, M. R. (2010). Power analysis for complex mediational designs using Monte Carlo methods. Structural Equation Modeling, 17(3), 510-534. doi:10.1080/10705511.2010.489379

Torrubia, R., Avila, C., Moltó, J., & Caseras, X. (2001). O Questionário de Sensibilidade à Punição e Sensibilidade à Recompensa (SPSRQ) como medida das dimensões de ansiedade e impulsividade de Gray. Personality and Individual Differences, 31(6), 837862. doi:10.1016/S0191-8869(00)00183-5

U. S. Census Bureau. (2011). Factos rápidos sobre o estado e o condado: Washington. Recuperado em 23 de junho de 2013, de http: / / quickfacts .census. gov/qfd/ states/53000 .html.

Verdejo-Garcia, A., López-Torrecillas, F., Aguilar de Arcos, F., & Pérez-Garcia, M. (2005).

Differential effects of MDMA, cocaine, and cannabis use severity on distinctive components of the executive functions in polysubstance users: Uma análise de regressão múltipla. Addictive Behaviors, 30(1), 89-101. doi:10.1016/j.addbeh.2004.04.015

Vervoort, L., Wolters, L. H., Hogendoorn, S. M., de Haan, E., Boer, F., & Prins, P. M. (2010). Sensibilidade do Sistema de Inibição Comportamental de Gray em crianças e adolescentes clinicamente ansiosos e não ansiosos. Personality and Individual Differences, 48(5), 629-633. doi:10.1016/j.paid.2009.12.021

Vohs, K. D., & Baumeister, R. F. (2011). Manual de autorregulação: Research, theory, and applications (2ª ed.). Nova Iorque, NY, EUA: Guilford Press.

Voigt, D. C., Dillard, J. P., Braddock, K. H., Anderson, J. W., Sopory, P., & Stephenson, M. T. (2009). Carver and white's (1994) BIS/BAS Scales and their relationship to risky health behaviours. Personality and Individual Differences, 47(2), 89-93. doi:10.1016/j.paid.2009.02.003

Volkow, N. D., & Li, T. (2004). Toxicodependência: The neurobiology of behaviour gone awry. Nature Reviews Neuroscience, 5(12), 963-970. doi:10.1038/nrn1539

Wardell, J. D., O'Connor, R. M., Read, J. P., & Colder, C. R. (2012). O sistema de abordagem comportamental modera a associação prospetiva entre o sistema de inibição comportamental e os resultados do álcool em estudantes universitários. Jornal de Estudos sobre Álcool e Drogas, 73(6), 1028-1036.

Wechsler, H., Davenport, A., Dowdall, G., & Moeykens, B. (1994). Health and behavioral consequences of binge drinking in college: A national survey of students at 140 campuses. JAMA: Journal of the American Medical Association, 272, 1672-1677. doi:10.1001/jama.272.21.1672

White, T. L., & Depue, R. A. (1999). Differential association of traits of fear and anxiety with norepinephrine- and dark-induced pupil reactivity. Journal of Personality and Social Psychology, 77(4), 863-877. doi:10.1037/0022- 3514.77.4.863

White, H. R., & Labouvie, E. W. (1989). Towards the assessment of adolescent problem drinking. Journal of Studies on Alcohol, 50, 30-37.